Carmen Vogt / Karin Schöne

HSU kompakt

2. Jahrgangsstufe
Bd. II

Zeichnungen: Hans Blümel / Andrea Reichert

Copyright: pb-verlag · 82178 Puchheim · 2003

ISBN 3-89291-**273**-4

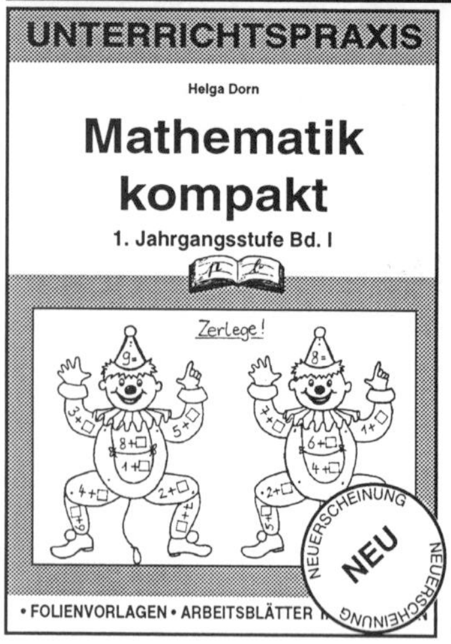
UNTERRICHTSPRAXIS
Helga Dorn
Mathematik kompakt
1. Jahrgangsstufe Bd. I
Zerlege!
NEUERSCHEINUNG
NEU
• FOLIENVORLAGEN • ARBEITSBLÄTTER

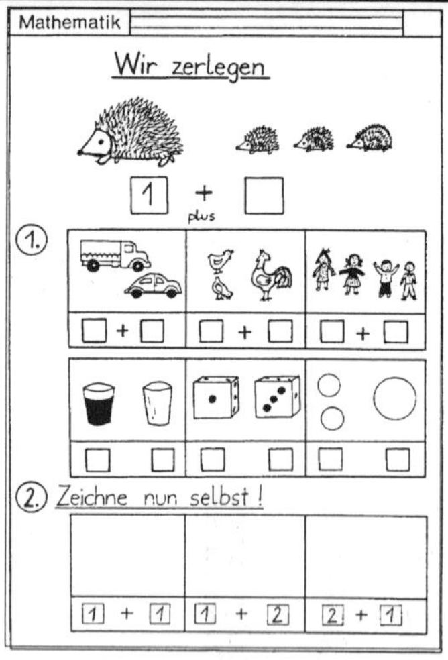
Mathematik
Wir zerlegen
plus
Zeichne nun selbst!

Inhaltsübersicht:

1. Geometrie **<u>* Raumvorstellung</u>**
Rechts oder links?, Links oder rechts? * ***Flächenformen*** Wir legen Figuren, Flächen und Muster, Flächenformen, Würfelspiel zu den Flächenformen, Wir zeichnen Formen, Spiel mit bunten Flächenformen, Bildkarten zum Spiel **2. Zahlen** **<u>* Zahlen erfassen</u>** Die Welt der Zahlen, Wir zählen und vergleichen, Mehr-weniger-gleich viele?, Wir vergleichen Mengen, Wir basteln ein Zahlenbuch, 1, 2 oder 3 ?, Die Zahl 1, Übungsblatt zur Ziffer 1, Die Zahl 2, Übungsblatt zur Ziffer 2, Die Zahl 3, Übungsblatt zur Ziffer, Übungen zur Dreiermenge, 4, 5 oder 6?, Die Zahl 4, Übungsblatt zur Ziffer 4, Die Zahl 5, Übungsblatt zur Ziffer 5, Übungen im Zahlenraum bis 5, Die Zahl 6, Übungsblatt zur Ziffer 6, Übungen zur Sechsermenge, Übungen im Zahlenraum bis 6, LZK im Zahlenraum bis 6, Die Zahl 0 **<u>* Vergleichen</u>** Wir vergleichen, Wir vergleichen Mengen und Zahlen **<u>* Zerlegen</u>** Wir zerlegen, Wir zerlegen Mengen, Wir basteln eine Zauberbox, Wir zerlegen mit der Zauberbox (1), Wir zerlegen mit der Zauberbox (2), Wir zerlegen Zahlen *** Zahlen erfassen** 7, 8 oder 9?, Die Zahl 7, Übungsblatt zur Ziffer 7, Die Zahl 8, Übungsblatt zur Ziffer 8, Die Zahl 9, Übungsblatt zur Ziffer 9, Wettspiel, Wir zerlegen die Zahlen 7, 8 und 9, Unsere Ziffern, Die Zahl 10, Zahlen-Memory, LZK im Zahlenraum bis 10, Nachbarzahlen-Ordnungszahlen **3. Rechnen** Plusaufgaben, Wir üben Plusaufgaben, Wir addieren, Rechenpuzzle, Aufgabenblatt, Lösung, Wir ergänzen, LZK zur Addition, Minusaufgaben, Wir subtrahieren, Rechenpuzzle, Aufgabenblatt, Lösung, Übungsblatt zur Addition und Subtraktion, Wir vergleiche, Rechenausdrücke und Zahlen, Wir vermindern, Wir rechnen und lesen, Übungsaufgaben im Zahlenraum bis 6, -Ergänzen, Rechendomino, -Plus oder minus, Vergleich von Rechenausdrücken etc., -Rechengeschichten (Bilder), -Zerlegen, Vergleichen etc., LZK zur Addition und Subtraktion bis 6, Wir rechnen bis 7, Wir rechnen bis 8, Wir rechnen bis 9, Rechenpuzzle, Aufgabenblatt, Lösung, Übungsblatt zur Addition und Subtraktion bis 9, Wir zerlegen die 10, Wir rechnen bis 10, Rechenkärtchen, Domino, Memory, Rechenpuzzle, Aufgabenblatt, Lösung, Wir rechnen plus, Wir ergänzen, Buchstaben-Zahlen-Liste, Wir ergänzen, LZK zur Addition bis 10, Wir rechnen minus, Wir vermindern, Wer findet die Wörter?, Rechenpuzzle, Aufgabenblatt, Lösung, Würfelspiel, Übungen zur Addition und Subtraktion bis 10, Wir rechnen im Kreis, Und jetzt geht's durcheinander, Tauschaufgaben plus, Tauschaufgaben minus, Übungsaufgaben im Zahlenraum bis 10, -Plus oder minus, Vergleichen-Ergänzen -, -Vermindern, Zerlegen, -Addieren , Subtrahieren, etc., LZK zur Addition und Subtraktion bis 10, Wir verdoppeln, Wir halbieren, Die Hälfte-das Doppelte, Nachbaraufgaben plus, Nachbaraufgaben minus, Umkehraufgaben plus, Umkehraufgaben minus, Umkehraufgaben und Tauschaufgaben, 3 Zahlen-4 Aufgaben, Wir lösen eine Rechengeschichte (1), Wir lösen eine Rechengeschichte (2), Rechengeschichten, Wir lösen Rechengeschichten, Für Rechenprofis, LZK bis 10 (Ergänzen, Vermindern, Umkehraufgaben, etc.), Folienvorlagen, Verwendungsbeispiele

€

Mathematik kompakt 1 Bd. I
Nr. 278 *148 Seiten* €19,90

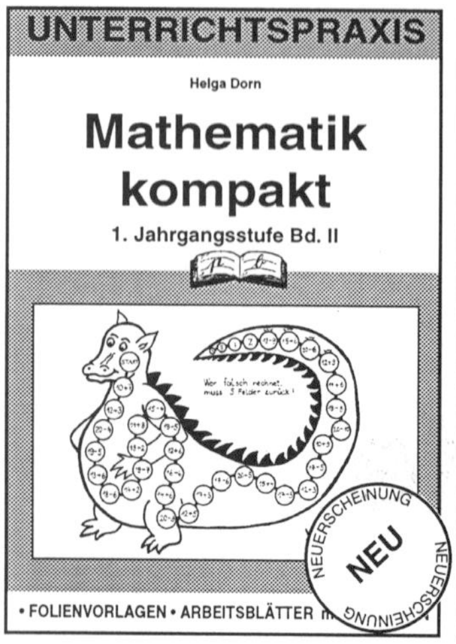
UNTERRICHTSPRAXIS
Helga Dorn
Mathematik kompakt
1. Jahrgangsstufe Bd. II
NEUERSCHEINUNG
NEU
• FOLIENVORLAGEN • ARBEITSBLÄTTER

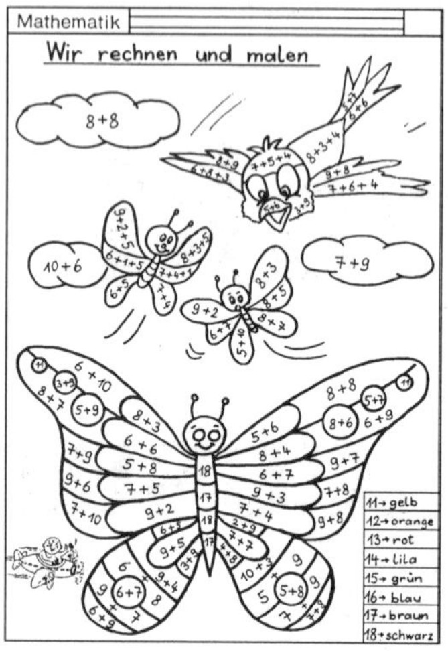
Mathematik
Wir rechnen und malen
8+8
10+6
7+9
11→ gelb
12→ orange
13→ rot
14→ lila
15→ grün
16→ blau
17→ braun
18→ schwarz

Inhaltsübersicht:

1. **<u>Größen</u>** Unser Geld, Wir bezahlen mit Euro
2. **<u>Zahlen</u>** Erweiterung des Zahlenraums bis 20, Zehner und Einer, Wir stellen Zahlen verschieden dar, Wir erweitern unser Zahlenbruch, Die Zahlen bis 20, Nachbarzahlen-Ordnungszahlen, Wir zerlegen in Zehner und Einer, Wir vergleichen, Die Zahlen am Zahlenstrahl, Rechenkärtchen, Lernzielkontrolle zur Erfassung des Zahlenraums bis 20
3. **<u>Rechnen</u>** im Zahlenraum bis 20 (ohne Zehnerübergang), Wir rechnen ⊕ im zweiten Zehner, Wir rechnen bis 20, Wir üben Plusaufgaben, Buchstaben-Zahlen-Liste, Lösungen, Wir rechnen und lesen (Plusaufgaben), Wir rechnen ⊖ im zweiten Zehner, Wir rechnen bis 20, Wir üben Minusaufgaben, Wir rechnen und lesen (Minusaufgaben), Plus und minus im zweiten Zehner, Wir rechnen und malen, Würfelspiel, Rechenpuzzler, Aufgabenblatt, Lösung, Wir ergänzen, Wir vermindern, Wir rechnen und lesen (Ergänzen und Vermindern), Tauschaufgaben, Umkehraufgaben, Wir rechnen bis 20 (verschiedene Platzhalter), 3 Zahlen-4 Aufgaben, Wir rechnen mit 3 Zahlen, Rechengeschichten, Wir lösen Rechengeschichten, Übungsaufgaben im Zahlenraum bis 20 (ohne Zehnerübergang), Rechenpuzzle Clown, Rechenpuzzle Fee, Rechenpuzzle Cowboy, Plusaufgaben zum Legen, Minusaufgaben zum Legen, Ergebniskärtchen, Rechendomino etc., Zerlegen, Zahlenfolgen etc., Vergleich von Rechenausdrücken, Ergänzen, Vermindern, Rechnen im Kreis etc., Rechengeschichten, Lernzielkontrolle zum Rechnen bis 20 (ohne Zehnerübergang) im Zahlenraum bis 20 (mit Zehnerübergang), Wir wiederholen das Zerlegen, Wir zerlegen die Zahl 10, Der Zehnerübergang ⊕ , Über die Zehn in zwei Schritten ⊕, Wir üben den Zehnerübergang ⊕, Wir üben den Zehnerübergang, Die Hälfte-das Doppelte, Nachbaraufgaben, Wir rechnen und malen, Rechenpuzzle, Aufgabenblatt, Lösung, Wir rechnen und lesen (Plusaufgaben), Wir ergänzen, Lernzielkontrolle zur Addition bis 20 mit Zehnerübergang, Der Zehnerübergang ⊖ , Über die Zehn in zwei Schritten ⊖, Wir üben den Zehnerübergang ⊖ Wir üben den Zehnerübergang ⊖ , Wir vermindern, Wir rechnen und malen, Rechenpuzzle, Aufgabenblatt, Lösung, Schaufenster: Spielwaren Freud, Rechengeschichten: Im Spielwarenladen, Wir rechnen und lesen (Plus- und Minusaufgaben), Wir rechnen mit Hilfe der Umkehraufgabe, Umkehraufgaben und Tauschaufgaben, Wir rechnen und lesen (Umkehraufgaben), Nun geht´s durcheinander!, 3 Zahlen-4 Aufgaben, Wir rechnen vereinfacht, Rechenpuzzle, Aufgabenblatt, Lösung, Rechengeschichten: Im Schwimmbad, Übungsauggabe im Zahlenraum bis 20 (mit Zehnerübergang), Plusaufgaben zum Legen, Ergebniskärtchen, Minusaufgaben zum Legen, Ergebniskärtchen, Rechendomino etc., Ergänzen, Vermindern etc., Rechnen im Kreis etc., Zerlegen, Zahlenfolge etc., Rechengeschichten: Im Zirkus, Lernzielkontrolle zur Addition und Subtration bis 20 mit Zehnerübergang
4. **<u>Größen</u>** Wir basteln eine Uhr, Kennst du die Uhr?, Zeitspannen,
5. **<u>Folienvorlagen und Verwendungsbeispiele</u>**

€

Mathematik kompakt 1 Bd. II
Nr. 279 *122 Seiten* €17,90

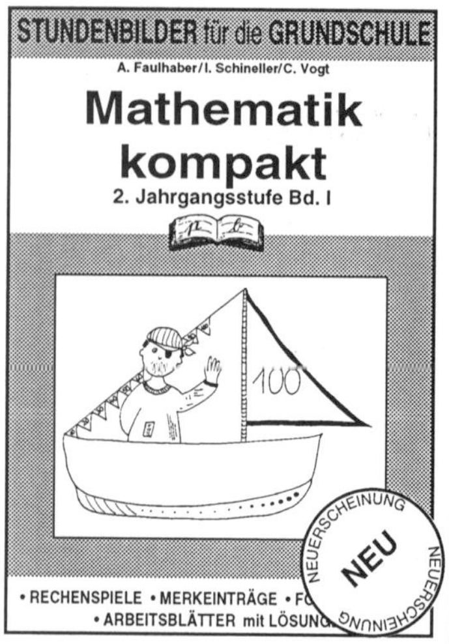
STUNDENBILDER für die GRUNDSCHULE
A. Faulhaber/I. Schineller/C. Vogt
Mathematik kompakt
2. Jahrgangsstufe Bd. I
100
NEUERSCHEINUNG
NEU
• RECHENSPIELE • MERKEINTRÄGE
• ARBEITSBLÄTTER mit LÖSUNG

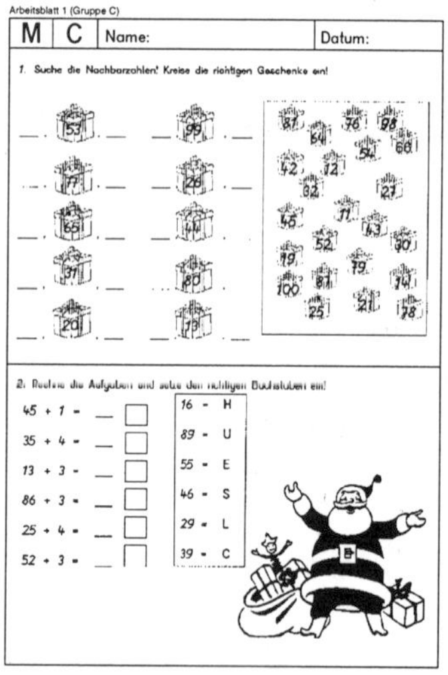
Arbeitsblatt 1 (Gruppe C)
M C Name: Datum:
1. Suche die Nachbarzahlen! Kreise die richtigen Geschenke ein!
45 + 1 =
35 + 4 =
13 + 3 =
86 + 3 =
25 + 4 =
52 + 3 =
16 - H
89 - U
55 - E
46 - S
29 - L
39 - C

Inhaltsübersicht:

Aufbau und Orientierung im Zahlenraum bis Hundert
Wie viele Kastanien verkauft der Katanienverkäufer?
(Aufbau des Hunderterraumes)
Wir lesen und schreiben Zahlen in Geheimschrift
(Ikonische Darstellung, Stellenwerttafel)
Im Kindertheater
(Orientierung im Zahlenraum bis 100)
Addition und Subtraktion im Zahlenraum bis 100
Die Zwergenaufgabe hilft dir beim Rechnen
(Analogiebildung beu Subtraktion und Addition von E)
Wir ergänzen auf den Zehner
(Übungsblatt zur Vorbereitung des Zehnerüberganges)
Wir rechnen in zwei Sprüngen über den Zehner
(Übungsblatt zur Addition mit ZÜ)
Darf Hexe Wackelzahn zum großen Hexenfest?
(Addieren einstellinger Zahlen mit ZÜ)
Sport: Hexe Wackelzahn lädt ein zum Hexenkurs
(Bewegungserfahrungen mit dem Luftballon)
Pit sucht einen Freund
(Übungsstunde zum Addieren und Subtrahieren (ZE+/-E) mit Zehnerübergang)
Wir rechnen mit dem Weihnachtsmann
(Addition und Subraktion im Zahlenraum bis 100 ohne ZÜ)
Im Zirkus Cupelli
(Addieren zweistelliger Zahlen (ZE+ZE) ohne Zehnerübergang)
Findest du den Namen des Piraten?
(Stationenbetrieb zur Übung der Addition und Subtraktion)
Bist du ein ein Meisterdetektiv?
(Zahlenrätsel 1)
Aufgaben zum Knobeln und Denken
(Zahlenrätsel 2)
Geld
Unser Geld
(Umgang mit Münzen und Scheinen)
Übungsblätter zum Umgang mit Geld
Wir rechnen mit Geld
(Verdoppeln, Halbieren)
Einführung der Multiplikation
Oli im Schuhladen
(Multiplikation als verkürzte Addition)

€

Mathematik kompakt 2 Bd. I
Nr. 280 *138 Seiten* €19,50

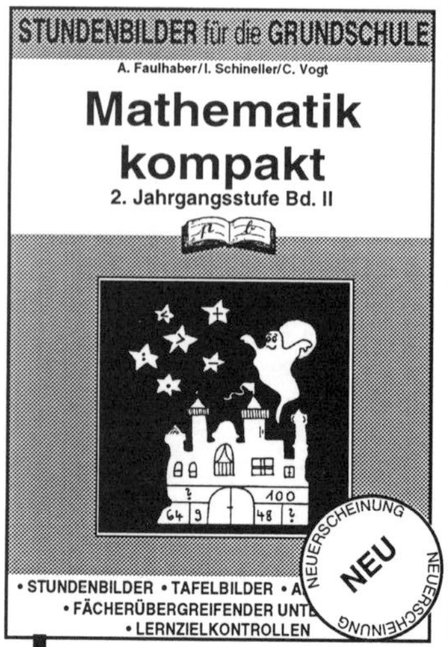
STUNDENBILDER für die GRUNDSCHULE
A. Faulhaber/I. Schineller/C. Vogt
Mathematik kompakt
2. Jahrgangsstufe Bd. II
100
NEUERSCHEINUNG
NEU
• STUNDENBILDER • TAFELBILDER
• FÄCHERÜBERGREIFENDER UNT
• LERNZIELKONTROLLEN

Inhaltsübersicht:

Einführung der Einmaleinssätze
Fabians Sparschwein (Einführung des Einmaleins mit 5), Hase Langohr füllt Osternester(Einführung des Einmalseins mit 4), Die Spinne Frieda und ihre Freunde (Einführung des Einmaleins mit 8)
Übung der Einmaleinssätze
Wo ist der Schatz der Piraten? (Stationenbetrieb zum Einmaleins mit 2, 4, 8, 5, 10), Sport: Findest du Goldauges Schatz? (Stationenbetrieb zum Balancieren), Wie kommt der Igel durch den Zauberwald? (Übungsstunde zu den Einmaleinsreihen), Wie kommen die Hasen ins Möhrenland? (Übungsstunde zur Division)
Sachaufgaben
Timmi in der Apotheke (Sachaufgaben mit Euro und Cent)
Messen
Wir messen mit Körpermaßen,
Geometrie
Wir Wiederholen Flächenformen, Wir stellen eine Fahnenstange auf, Wir untersuchen unser Klassenzimmer auf rechte Winkel, Besondere Vierecke

€

Mathematik kompakt 2 Bd. II
Nr. 281 *158 Seiten* €21,50

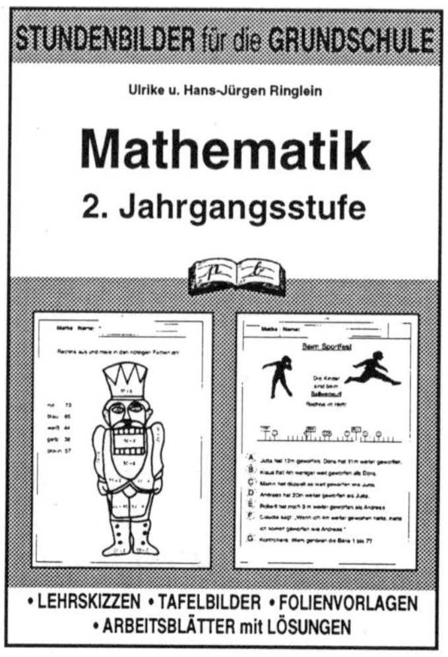
STUNDENBILDER für die GRUNDSCHULE
Ulrike u. Hans-Jürgen Ringlein
Mathematik
2. Jahrgangsstufe
• LEHRSKIZZEN • TAFELBILDER • FOLIENVORLAGEN
• ARBEITSBLÄTTER mit LÖSUNGEN

Inhaltsübersicht:

Ist größer - ist kleiner, Wir rechnen bis 20 ohne Zehnerübergang, Wir rechnen bis 20 mit Zehnerübergang, Zehnerbündel, Zehnerzahlen, Zehner-Einer-Zahlen, Im Kasperletheater - Orientierung im Hunderterfeld, Wir rechnen im Hunderterraum ZE+Z, Z+ZE, ZE Z, Wir rechnen im Hunderterraum ZE+ E, E+ZE, ZE-EZE+ZE ohne Zehnerübergang (ZCJ), ZE+E mit Zehnerübergang (ZÜ), Wir rechnen ZE+ZE mit Zehnerübergang (Z0), Von der Plusaufgabe zur Malaufgabe, Das Einmaleins mit 5 - Halbieren und Verdoppeln, Das Einmaleins mit 2, Das Einmaleins mit 4 (Das Einmaleins mit 8) Einführen des Teilens Messen mit Längen

Mathematik 2
Nr. 752 *144 Seiten* €17,90

pb verlag®
Stand der Preise 2003 - Bitte beachten Sie unsere aktuelle Preisliste!
pb verlag®

Inhaltsverzeichnis

Obst/Gemüse
Wir lernen Obst und Gemüse kennen	5
So viel Obst	18
Welchen Teil des Gemüses essen wir?	29
Stationentraining Obst/Gemüse	40
Wir bereiten einen Obstsalat zu	45
Wir bereiten Gemüse-Pommes zu	46
Obstkartei	47
Gemüsekartei	48
Lernzielkontrolle: Obst/Gemüse	49

Lebensraum Hecke
I. Die Hecke im Herbst
Wir schauen uns die Hecke im Herbst genau an	51
Wir kennen verschiedene Heckensträucher und Heckenfrüchte	57
Wir unterscheiden giftige und ungiftige Heckenfrüchte	62
Wir basteln Heckenrosenpüppchen	66
Rezepte - Kochen mit Heckenfrüchten	67

II. Die Hecke im Winter
Wir schauen uns die Hecke im Winter genau an	68
Wie nutzen Tiere die Hecke?	70

III. Die Hecke im Frühjahr
Wir schauen uns die Hecke im Frühjahr genau an	75
Die Stockwerke der Hecke	78
Die Tiere der Hecke	80
Die Entwicklung von der Blüte (Heckenrose) zur Frucht (Hagebutte)	83

IV. Die Hecke im Sommer
Wir schauen uns die Hecke im Sommer genau an	89
Wir schauen uns die Blumen der Hecke genau an	93
Wie verhalte ich mich in der Natur?	97

Der Igel
Wie sieht der Igel aus?	99
Was frisst der Igel?	109
Was macht der Igel im Winter?	113
Wer sind die Feinde des Igels?	121
Lernzielkontrolle: Was weißt du über den Igel?	129

Wasser
Wozu brauchen wir Wasser?	133
Wir spielen das Wasserspiel	141
Arbeit an Stationen - Versuche mit Wasser	147

Wir lernen Obst und Gemüse kennen

Der folgenden UZE geht ein Unterrichtsgang zum Markt voraus.

Vorbereitung:
- Wortkarten zu den Obst- und Gemüsesorten schreiben
- Wortstreifen zum Beschriften für die Gruppenarbeit kopieren
- Sachtexte Obst und Gemüse in Anzahl der Gruppen kopieren und umknicken
- Krabbelsäcke in Gruppenanzahl (4 - 6) mit verschiedenem Obst und Gemüse füllen
- Obst- und Gemüsebilder für das Tafelbild kopieren und ausmalen
- je zwei Obstkisten für jede Gruppe
- Kopiervorlagen und Arbeitsblätter in Anzahl der Schüler kopieren
- Marktfrau und ihren Stand für das Tafelbild kopieren

Einstieg:
Krabbelsäcke in Gruppenanzahl (4 - 6) mit Obst und Gemüse gemischt an die Gruppen verteilen.

   Sch: ertasten in Gruppenarbeit das Obst und Gemüse
     schreiben auf die Wortstreifen die Obst- und Gemüsenamen
     ordnen die Wortkarten dem Obst und Gemüse zu

Vorstellen der Gruppenergebnisse:
   Sch: benennen Obst- und Gemüsesorten
Lehrer/in heftet Obst und Gemüse ungeordnet an die Tafel.
   Sch: heften die Wortkarten dazu

 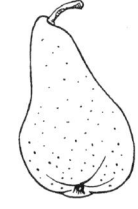 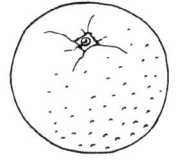 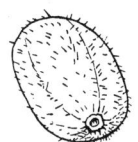

| Apfel | Birne | Orange | Kiwi |

L: So sieht sicherlich nicht der Stand einer Marktfrau aus.
Lehrer/in heftet Marktstand, Marktfrau an die Tafel.

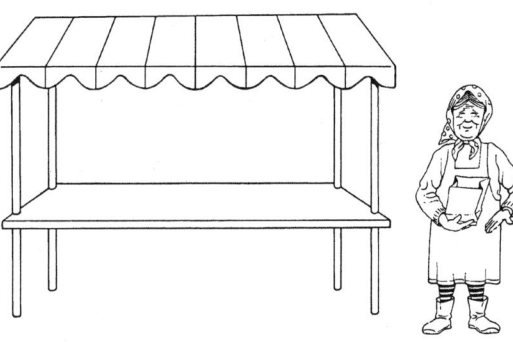

Sch: die Marktfrau hat das Gemüse geordnet

Problemfrage:

Lehrer/in zeigt zwei Kisten.

Sch: formulieren die Problemfrage

Wie ordnet die Marktfrau ihren Stand?

Lehrer/in schreibt die Problemfrage an die Tafel:

Wie ordnet die Marktfrau ihren Stand?

Gruppenarbeit:

L: Besprich dich in der Gruppe und finde eine Lösung.

Lehrer/in stellt zwei Kisten an jeden Gruppentisch.

Sch: besprechen sich in der Gruppe

ordnen evtl. nach Obst und Gemüse

Lehrer/in verteilt den Sachtext „Obst und Gemüse" an die Gruppen.

Sch: lesen den Sachtext

kontrollieren ihre Arbeit selbst

Vorstellen der Gruppenergebnisse:

Die Schüler präsentieren ihre Marktkörbe. Sie benennen dabei nochmals Obst und Gemüse.

L: Jetzt kannst du auch das Obst und Gemüse der Marktfrau an der Tafel richtig ordnen.

Sch: ordnen das Obst und Gemüse an der Tafel

L: Die Marktfrau hat ihre Sachen in zwei Körbe geordnet.

Sch: nach Obst und Gemüse

Lehrer/in notiert an der Tafel mit:

Obst   Gemüse

L: Vielleicht hast du eine Idee, wodurch sich Obst und Gemüse unterscheiden.

Sch: vermuten

L: Lies auf deinem Sachtext nach, wodurch sich Obst und Gemüse voneinander unterscheiden.

Sch: klappen den Sachtext um

lesen den Unterschied zwischen Obst und Gemüse nach

tragen die Unterschiede vor

Sicherung:

Lehrer/in verteilt die Obst- und Gemüsebilder für den Hefteintrag und Arbeitsblätter.

Sch: kleben die Bilder ungeordnet ins Heft

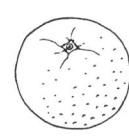

Obst

Zum Obst gehören Äpfel, Birnen, Ananas, Kiwis, Weintrauben, Zitronen, Orangen, Mandarinen, Pfirsiche, Bananen, Mandarinen, Zwetschgen, Mirabellen, Erdbeeren, Heidelbeeren, Johannisbeeren, Brombeeren, Himbeeren, Stachelbeeren, Walnüsse, Haselnüsse, Kokosnüsse, Mangos, Litchis.

Wie unterscheiden sich Obst und Gemüse?

Saftige, fleischige Früchte, die oft süß schmecken, gehören zum Obst. Wir essen Obst gerne als Nachspeise oder als Zwischenmahlzeit.

Gemüse nennt man vitaminreiche Nahrungsmittel, die man roh oder gekocht essen kann. Sie schmecken nicht ganz so süß. Gemüse gibt es als Rohkost zwischendurch und gekocht als Mahlzeit.

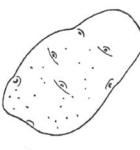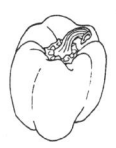

Gemüse

Zum Gemüse gehören Kopfsalat, Gurken, Radieschen, Karotten, Kartoffeln, Sellerie, Kohlrabi, Paprika, Zwiebeln, Tomaten, Bohnen, Erbsen, Spargel, Lauch, Blumenkohl, Rosenkohl, Weißkraut, Rotkraut, Feldsalat, Rucola, Eisbergsalat, Chicorée, Wirsing, Spinat, Brokkoli, Rettich, Rote Beete, Auberginen, Zucchini.

Wie unterscheiden sich Obst und Gemüse?

Saftige, fleischige Früchte, die oft süß schmecken, gehören zum Obst. Wir essen Obst gerne als Nachspeise oder als Zwischenmahlzeit.

Gemüse nennt man vitaminreiche Nahrungsmittel, die man roh oder gekocht essen kann. Sie schmecken nicht ganz so süß. Gemüse gibt es als Rohkost zwischendurch und gekocht als Mahlzeit.

Wortstreifen für 1 Schüler

Tafelbild: Marktfrau

Tafelbild: Marktstand

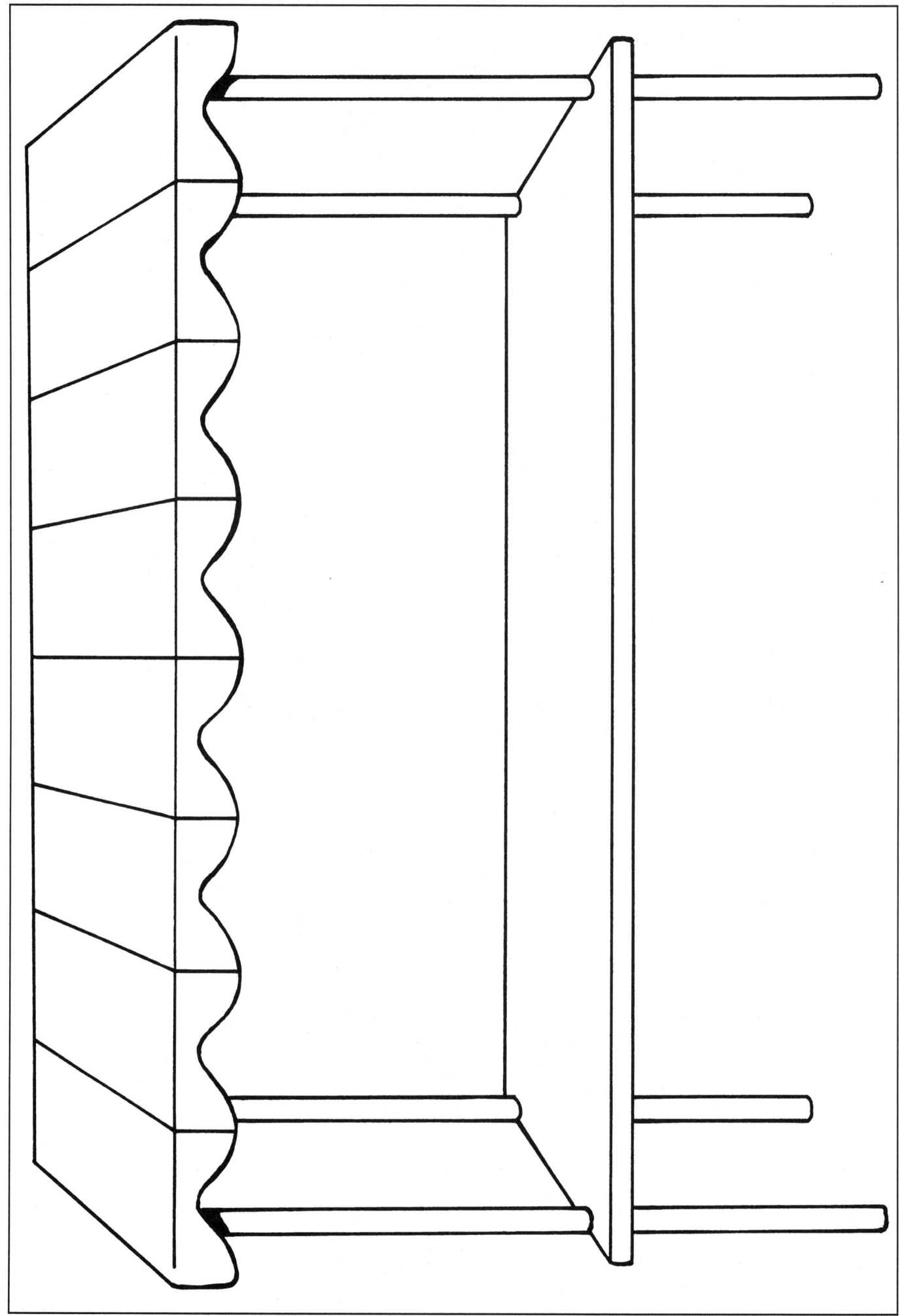

Tafelbilder: Obst und Gemüse

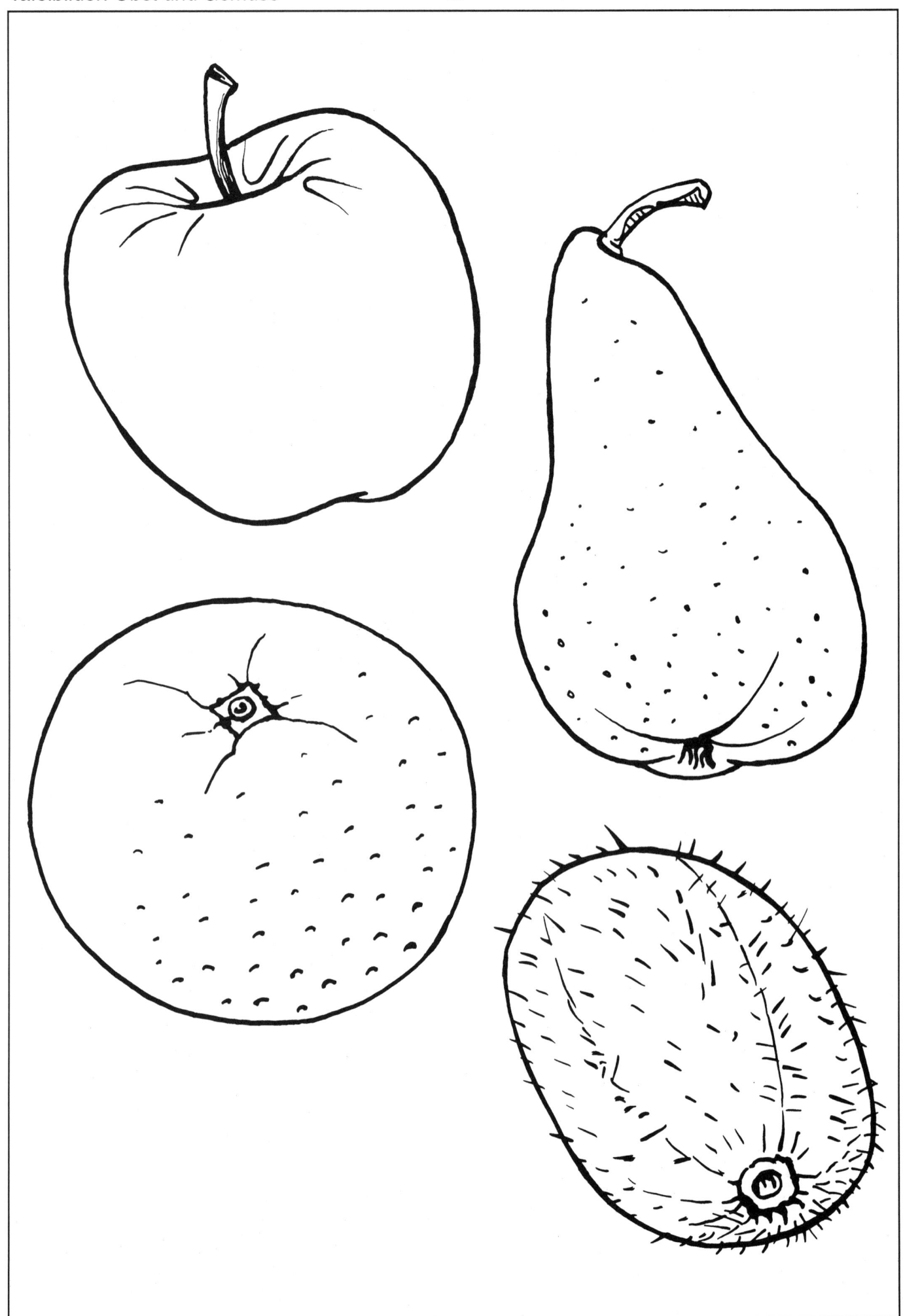

Tafelbilder: Obst und Gemüse

Tafelbilder: Obst und Gemüse   14

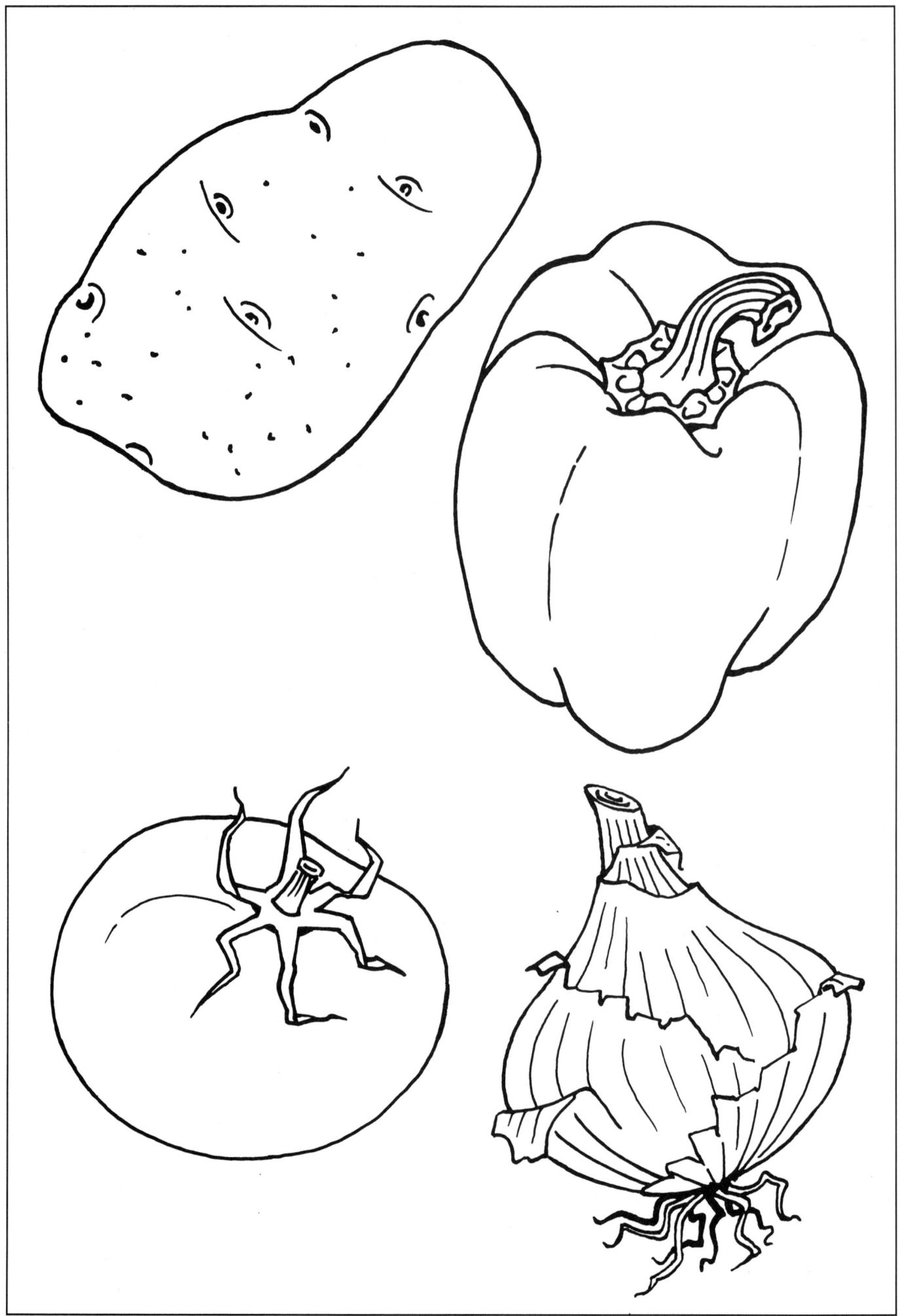

Ausschneideblatt: Obst- und Gemüsesorten 15

Arbeitsauftrag:
Schneide die Obst- und Gemüsesorten aus. Klebe sie geordnet nach Obst und Gemüse auf die Arbeitsblätter.

Arbeitsblatt: Obstsorten 16

HSU Name:

Obst

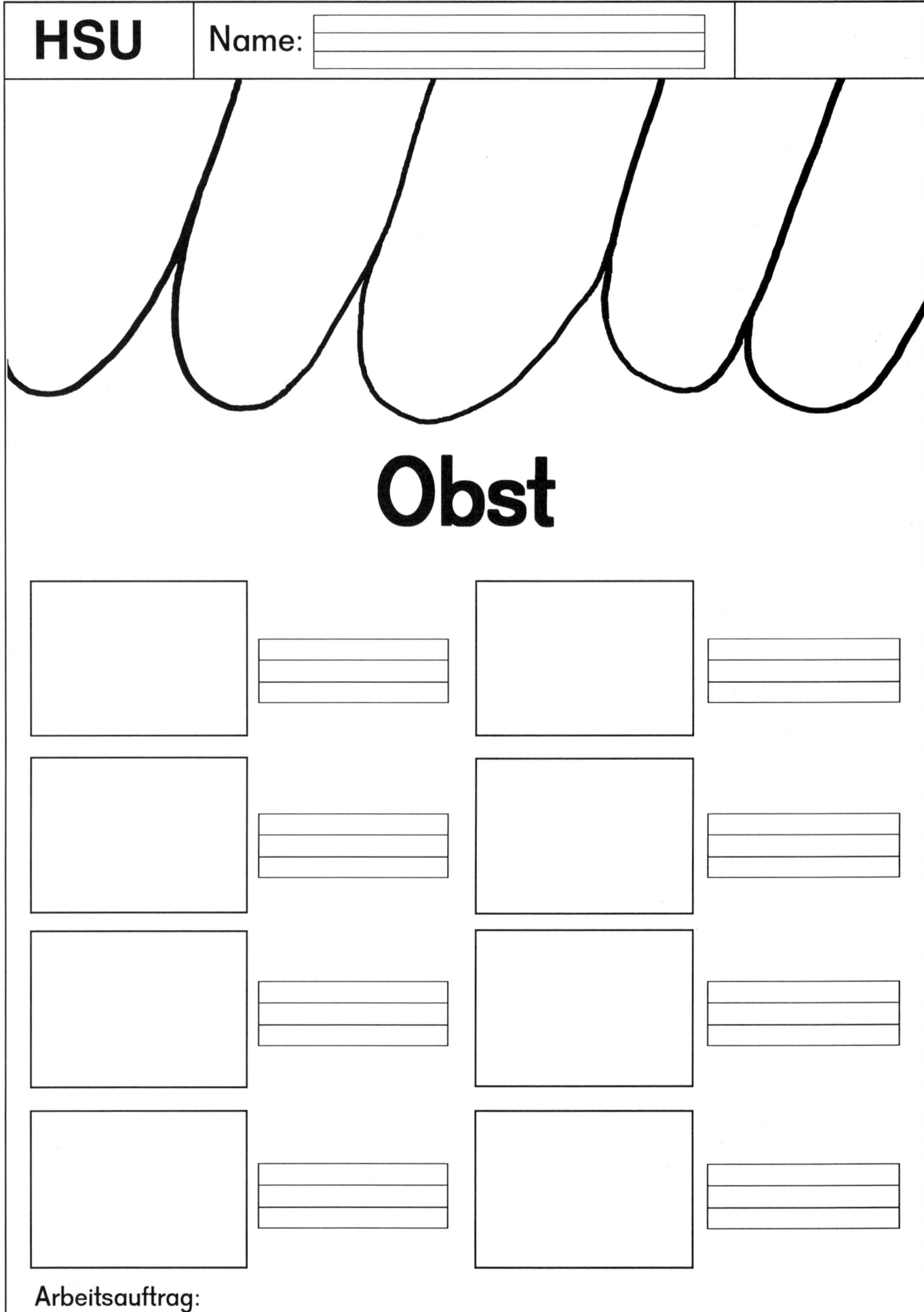

Arbeitsauftrag:
Klebe die ausgeschnittenen Obstsorten in die Rahmen und beschrifte sie.

Arbeitsblatt: Gemüsesorten

HSU Name:

Gemüse

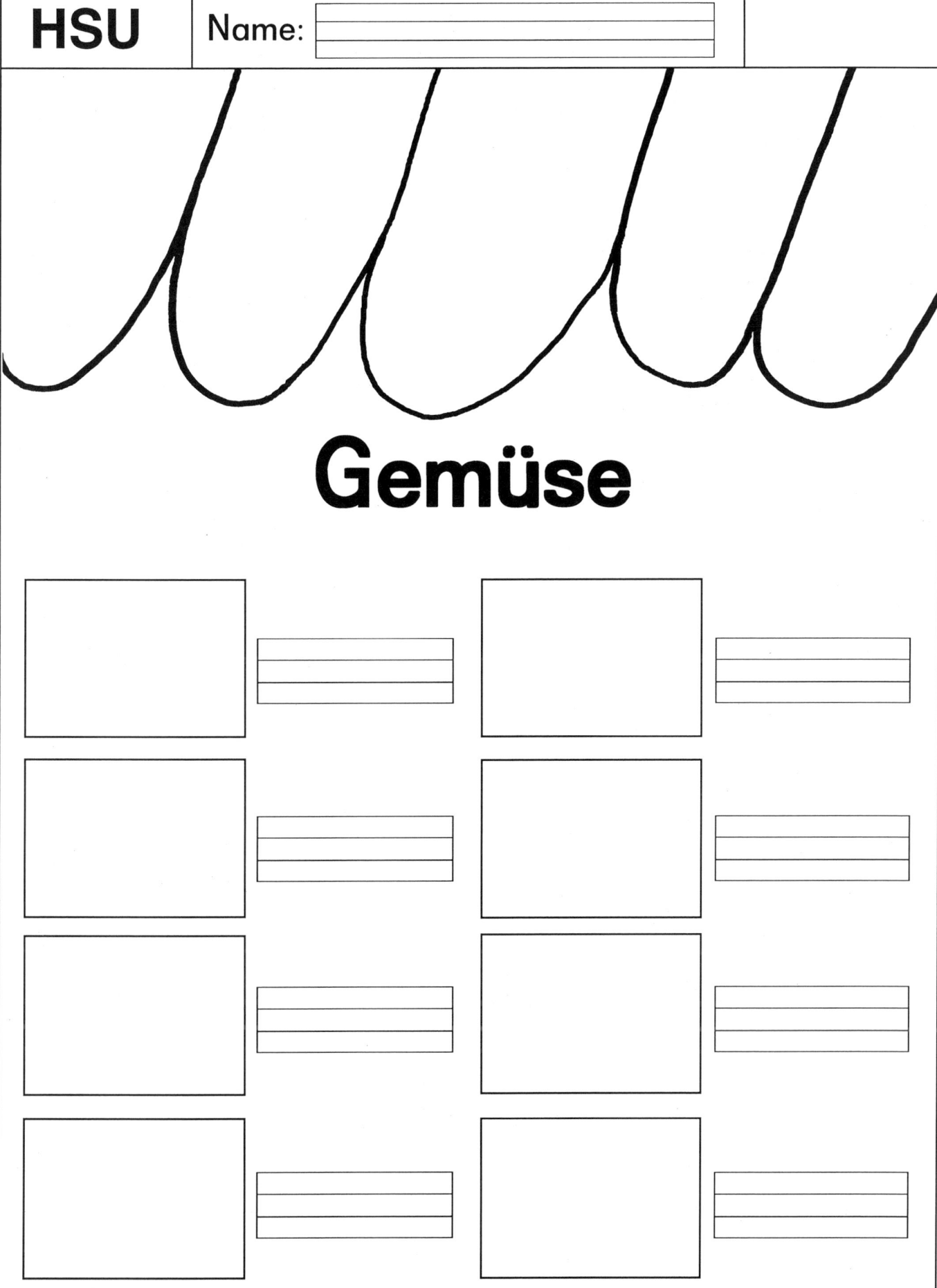

Arbeitsauftrag:
Klebe die ausgeschnittenen Gemüsesorten in die Rahmen und beschrifte sie.

So viel Obst

Vorbereitung:
- Lehrer/in ergänzt die Obstkiste mit Südfrüchten, z.B. Kokosnuss, Ananas, Zitrone, Kiwi
- Tafelbild vorbereiten: Sonne und Wolken an die Tafel malen
- differenzierten Sachtext nach Leistung und in Anzahl der Gruppen kopieren
- Obstbilder aus vorangegangener UZE bereitlegen
- Neue Obstsorten kopieren und ausmalen
- Weltkarte mehrmals vergrößern und auf Styropor heften
- rote Fäden und Pinnnadeln bereitlegen
- kleine Flaggen für die Weltkarte auf rotes Tonpapier kopieren und Zahnstocher daran heften
- Kopiervorlage: „Obstsymbole, Transportsymbole und Wortkarten" kopieren

Wiederholung:
Schüler benennen und wiederholen die Obstsorten/Gemüsesorten der letzten Stunde.

Hinführung:
Spiel: Ich sehe ein Obst, das du nicht siehst und...
Lehrer/in beginnt das Spiel und beschreibt das Obst aus der Obstkiste nach Form, Farbe, evtl. äußere Beschaffenheit, Geschmack. Der Schüler, der das Obst erraten hat, setzt das Spiel fort.

Erarbeitung:
Provokation:
L: Du hast bestimmt auch schon einmal eine Ananas/Kokosnuss vom Baum gepflückt.
    Sch: protestieren
        Ananas/Kokosnuss wächst nicht bei uns
L: Vielleicht weißt du, wo dieses Obst wächst.
    Sch: vermuten
L: Du kannst sicherlich erklären, warum dieses Obst in diesen Ländern und nicht bei uns wächst.
    Sch: erklären
        manche Früchte brauchen viel Sonne
        das Obst wächst nur in Ländern, in denen es heiß ist
Lehrer/in zeigt Tafelbild:

Hypothesenbildung:

L: Bestimmt kannst du mir sagen, welches Obst bei uns wächst und welche Früchte in wärmeren/sonnigeren Ländern reifen.

Lehrer/in schreibt zu den Symbolen Wortkarten an die Tafel.

| Einheimisches Obst | Früchte aus dem südlichen Europa |

Lehrer/in zeigt sukzessive Obstbilder aus vorausgegangener UZE.

Sch: vermuten und ordnen die Bilder der entsprechenden Tafelseite zu

L: Ob du Recht hast, darfst du jetzt selbst nachlesen.

Sch: erhalten gruppenweise den differenzierten Sachtext (je nach Leistungsfähigkeit einzelne Teile bzw. den ganzen Sachtext)
lesen Sachtext

Vorstellen der Gruppenergebnisse:

Schüler tragen vor:
- Einheimisches Obst
- Früchte aus dem südlichen Europa
- Früchte aus Übersee

Schüler erkennen, dass manches Obst von ganz weit her ist (Übersee)

Tafelbild:
Lehrer/in ergänzt die dritte Wortkarte an der Tafel.

| Früchte aus Übersee |

Sch: korrigieren Tafelbild

Lehrer/in beschriftet die Früchte am korrigierten Tafelbild.

Hefteintrag:

Die Schüler übertragen das Tafelbild in ihr Heft.

Weiterführung:

Reflexion im Sitzkreis:

Lehrer/in zeigt auf die Weltkarte.

Die Schüler suchen und benennen die Länder und Kontinente auf der Weltkarte.

Länderfähnchen zu den entsprechenden Ländern heften. Die Schüler wiederholen dabe die Herkunft der Obstsorten und heften die Obstsymbole dazu.

Anschließend spannen die Schüler Fäden von den Herkunftsländern nach Deutschland.

Besprechen der Transportwege. Dabei erkennen die Schüler, dass verschiedene Transportmittel benützt werden müssen. Die Schüler heften die Symbole Bahn, Schiff, Flugzeug, LKW zu den Transportwegen (Fäden).

Reflektieren, ob wir zu jeder Jahreszeit alles Obst essen müssen, auch wenn es zu dieser Jahreszeit nicht bei uns wächst und teuer gekauft werden muss?

Nachdenken, dass für die langen Transportwege viel Kraftstoff verbraucht werden muss (v.a. Flugzeug), so dass die Umwelt stark belastet wird.

Kopiervorlage: Sonne/Wolken-Regen

© pb-Verlag Puchheim HSU kompakt 2. Jgst., Bd. II

Wo wachsen die verschiedenen Früchte?

Einheimisches Obst:

Einheimisches Obst nennt man Obst, das bei uns wächst. Es kann im Freien wachsen oder in Gewächshäusern gezüchtet werden. Zum einheimischen Obst gehören: Weintrauben, Erdbeeren Kirschen, Äpfel, Birnen, Heidelbeeren, Johannisbeeren, Himbeeren, Heidelbeeren, Brombeeren, Stachelbeeren, Walnüsse, Haselnüsse, Zwetschgen, Pfirsiche, Mirabellen.

Früchte, die nur in den sonnigen Ländern Europas wachsen:

Zu den sonnigen Ländern Europas zählen Italien, Spanien, Portugal und Griechenland. Diese Länder beliefern uns mit Zitronen, Orangen und Mandarinen. Sie kommen mit dem LKW oder mit dem Zug.

Früchte, die nur in Übersee wachsen:

Wir können auch Früchte kaufen, die von ganz weit herkommen. Dort ist es das ganze Jahr über sehr warm. Die Früchte kommen mit dem Schiff oder mit dem Flugzeug. Die Kiwis wachsen in Australien, Neuseeland und China. Wir kaufen vor allem Bananen aus Brasilien. Die Ananas kommen zu uns vor allem aus Hawai und Brasilien. Indien verkauft uns die Kokosnüsse. Thailand und die Philippinen liefern uns Mangos. Die Litchis beziehen wir aus China, Indien und den Philippinen.

Tafelbilder: Obst

Transportsymbole für Weltkarte (2x kopieren) 23

Flaggen für Weltkarte 24

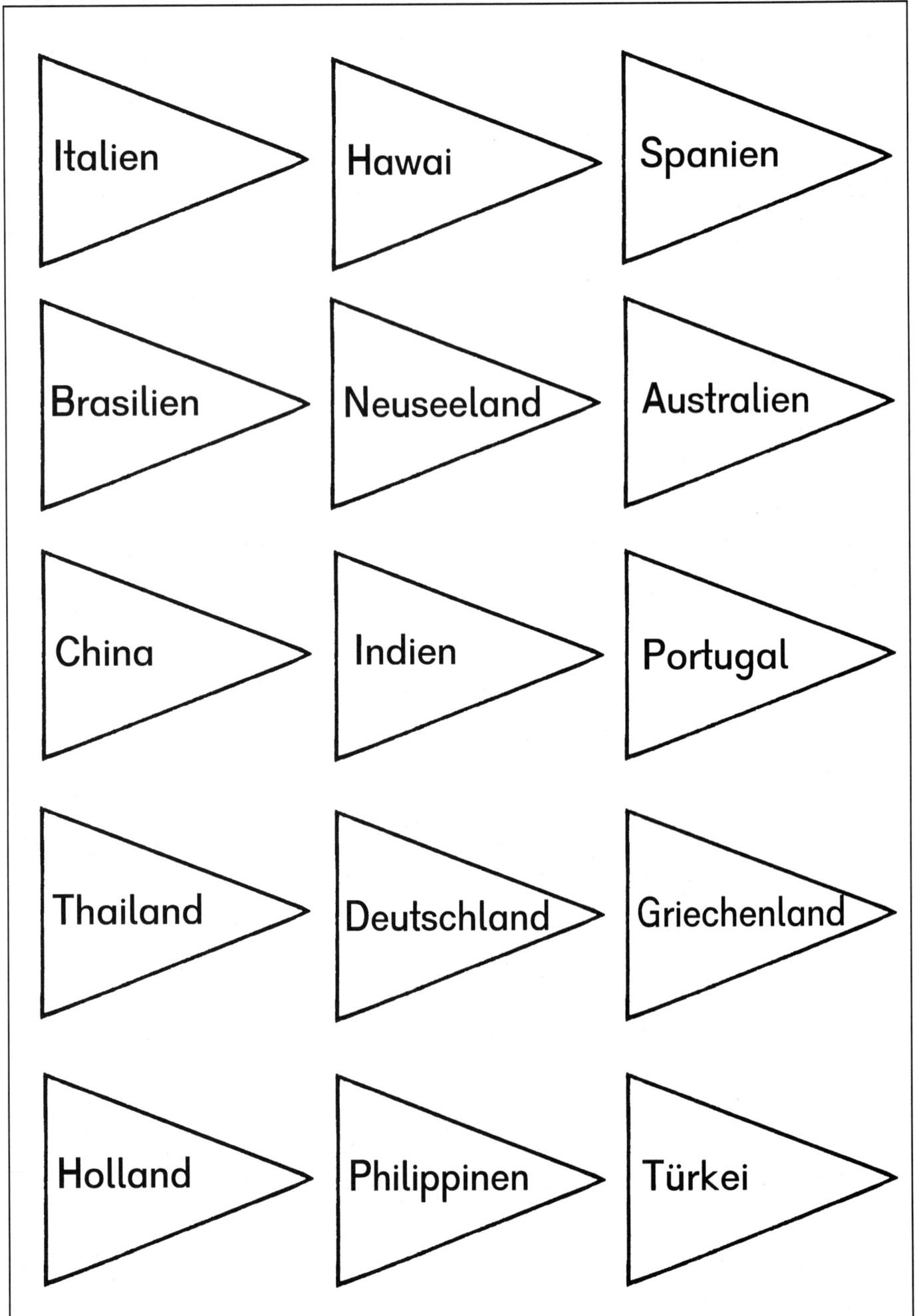

Obstsymbole für Weltkarte

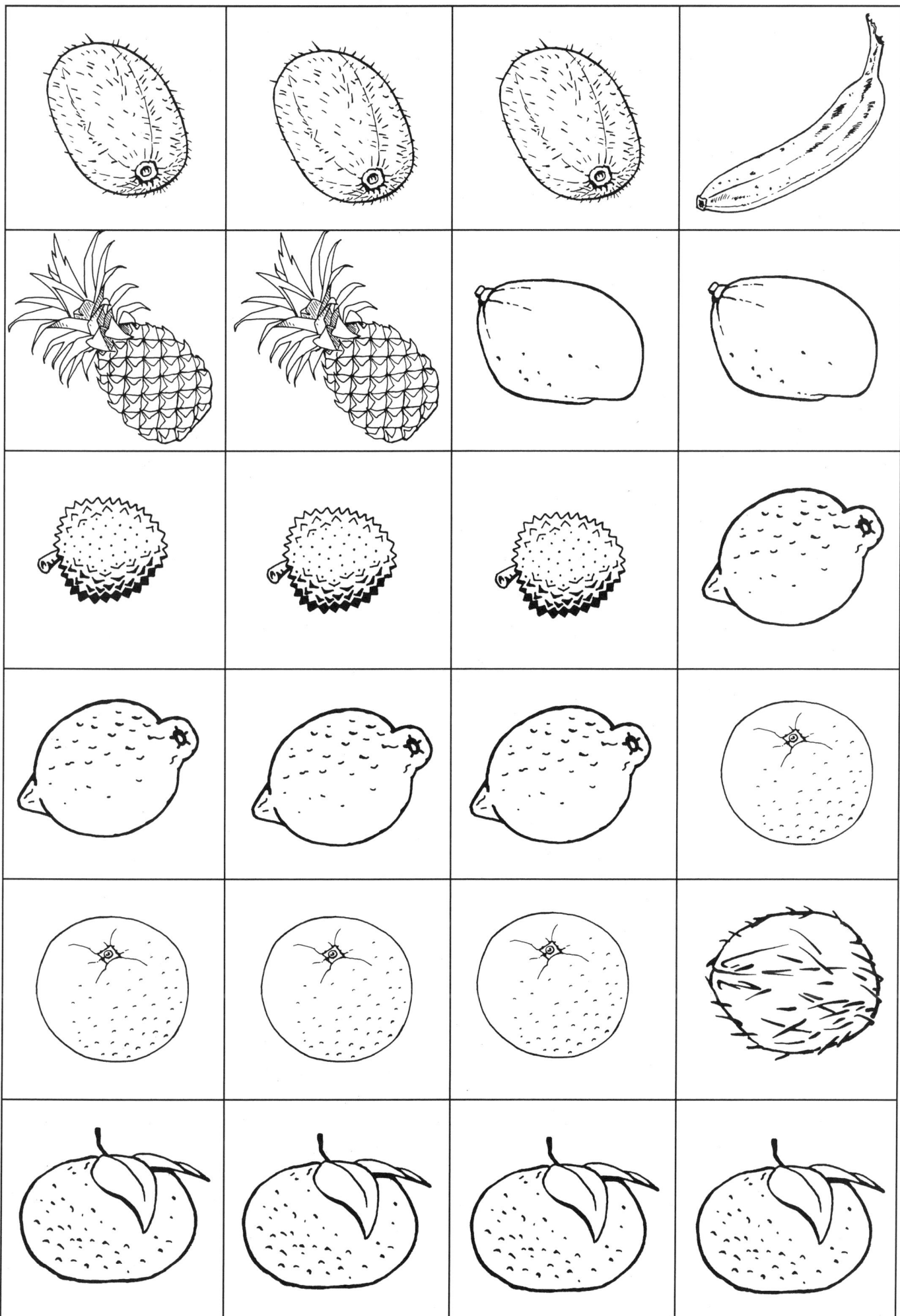

Einheimisches Obst

Früchte aus dem südlichen Europa

Früchte aus Übersee

Weltkarte (mehrmals vergrößern) 27

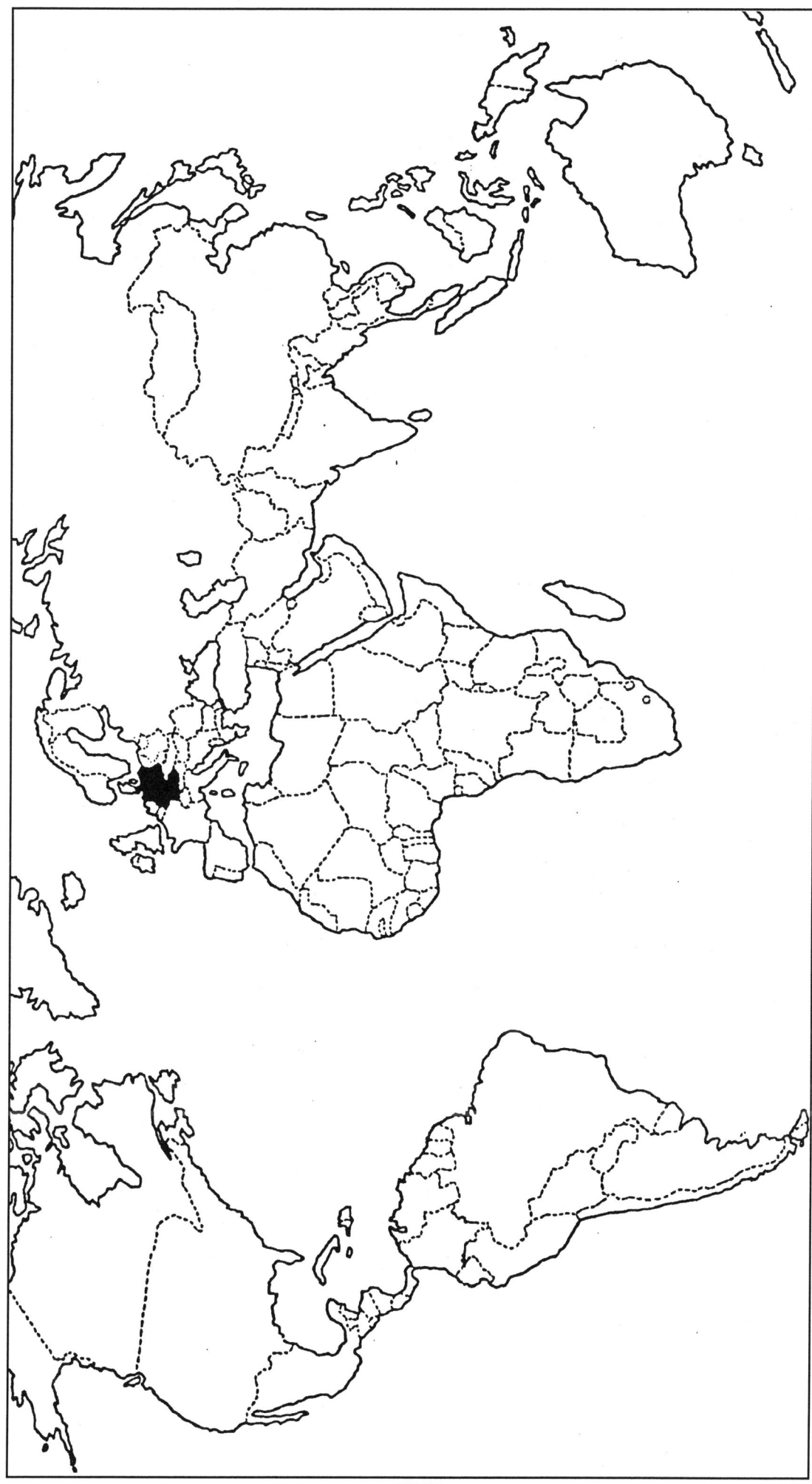

Tafelbild 28

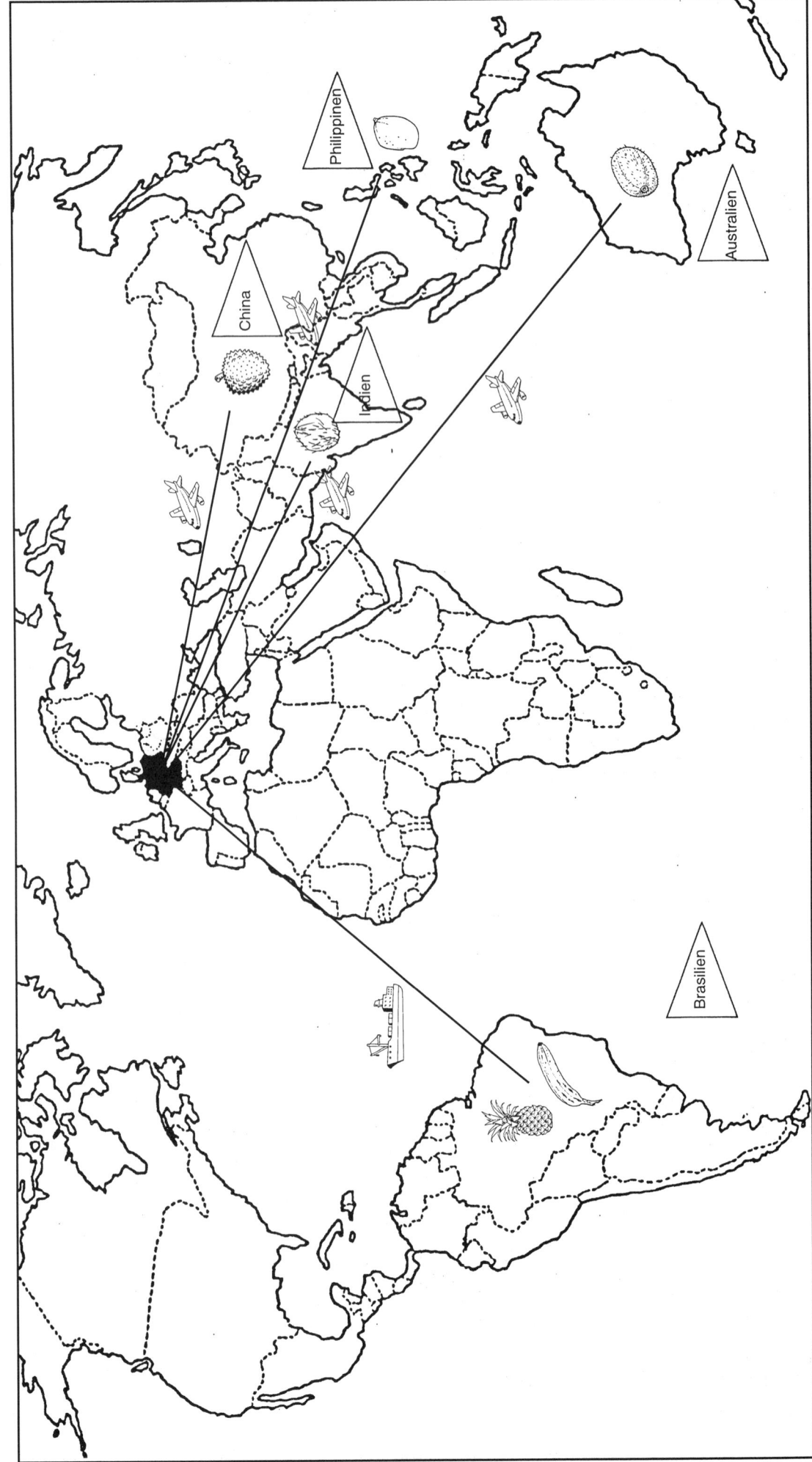

Welchen Teil des Gemüses essen wir?

Vorbereitung:
- großen Topf
- Kochlöffel
- Kasperlbild oder Kasperlhandpuppe
- Sellerie, Karotten, Blumenkohl, Bohnen, Tomaten, Weißkraut (ungewaschen) mitbringen
- Wortkarten vergrößert kopieren: Blattgemüse, Fruchtgemüse, Wurzelgemüse und Wortkarten so umklappen, dass nur „Blatt-", „Wurzel-", und „Frucht-" lesbar sind
- Gemüsebilder für das Tafelbild kopieren
- Bildkarten für die Gruppenarbeit kopieren
- Arbeitsblatt in Anzahl der Schüler kopieren

Einstieg:
Handpuppenspiel:
Lehrer/in spielt folgende kurze Szene mit der Kasperlhandpuppe vor.

L: Kasperl will sich eine Gemüsesuppe kochen. Dieses Gemüse hat er.
Kasperl zeigt Gemüse (siehe oben).
    Sch: benennen das Gemüse

L: Kasperl ist sehr hungrig. Er gibt das Gemüse in den Topf und gießt Wasser hinzu. Dann stellt er das Gemüse zum Kochen auf den Herd und rührt ab und zu um (Kasperl wundert sich über die Farbe in dem Topf).
    Sch: protestieren
        Kasperl hat das Gemüse nicht gewaschen
        er hat das Gemüse nicht geputzt
        er kann nicht alles vom Gemüse essen

Lehrer/in zieht die Karotte aus dem Topf:
L: Kasperl schaut die Karotte an und denkt nach.
    Sch: formulieren Problemfrage

Problemfrage:
Lehrer/in notiert die Problemfrage an die Tafel.
    Welchen Teil des Gemüses essen wir?
    Sch: erzählen dem Kasperl, was man von der Karotte isst

Kasperl zieht ein Gemüse nach dem anderen aus dem Topf und betrachtet fragend das Gemüse.
    Sch: vermuten
        erzählen, welcher Teil des Gemüses essbar ist

Lehrer/in korrigiert.
Lehrer/in hängt die Gemüsebilder in 3 Spalten an die Tafel.

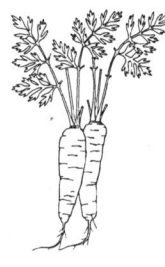 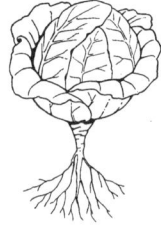 

      Karotte   Weißkraut   Tomate

Lehrer/in zeigt die drei Wortkarten: | Wurzel | | Blatt | | Frucht |

     Sch: lesen vor
          äußern sich

Besprechen der Begriffe.

L: Überlege, ob wir von unserem Gemüse die Wurzel, die Frucht oder die Blätter essen?

     Sch: erzählen
          von der Karotte essen wir die Wurzel
          vom Weißkraut essen wir die Blätter
          von den Tomaten essen wir die Frucht...

Lehrer/in klappt die Wortkarten „Wurzel", „Blatt", „Frucht" an der Tafel auf.

L: Gemüse, von dem wir die Frucht essen, nennt man Fruchtgemüse.
     Gemüse, von dem wir die Blätter essen, nennt man Blattgemüse.
     Gemüse, von dem wir die Wurzel essen, nennt man Wurzelgemüse.

Gruppenarbeit:

L: Du bekommst von mir noch mehr Gemüsesorten. Überlege und besprich dich in der Gruppe, ob das Gemüse zum Blatt-, Wurzel- oder Fruchtgemüse gehört.

Lehrer/in verteilt die Bildkarten und Zusatzaufgaben.

     Sch: überlegen in der Gruppe

Lehrer/in schreibt Ergebnisse an die Tafel (evtl. vergrößerte Bildkarten an die Tafel heften)

Arbeitsblatt:

Schüler erhalten Arbeitsblatt und beschriften die Gemüsesorten.

Ausklang:

L: Jetzt kannst du sicherlich Kasperl sagen, wie er seine Suppe richtig zubereiten kann.

     Sch: er darf nur den essbaren Teil des Gemüses verwenden
          vorher muss er das Gemüse gründlich waschen

L: Kasperl bedankt sich bei den Kindern.

Tafelbilder: Gemüse

Tafelbilder: Gemüse

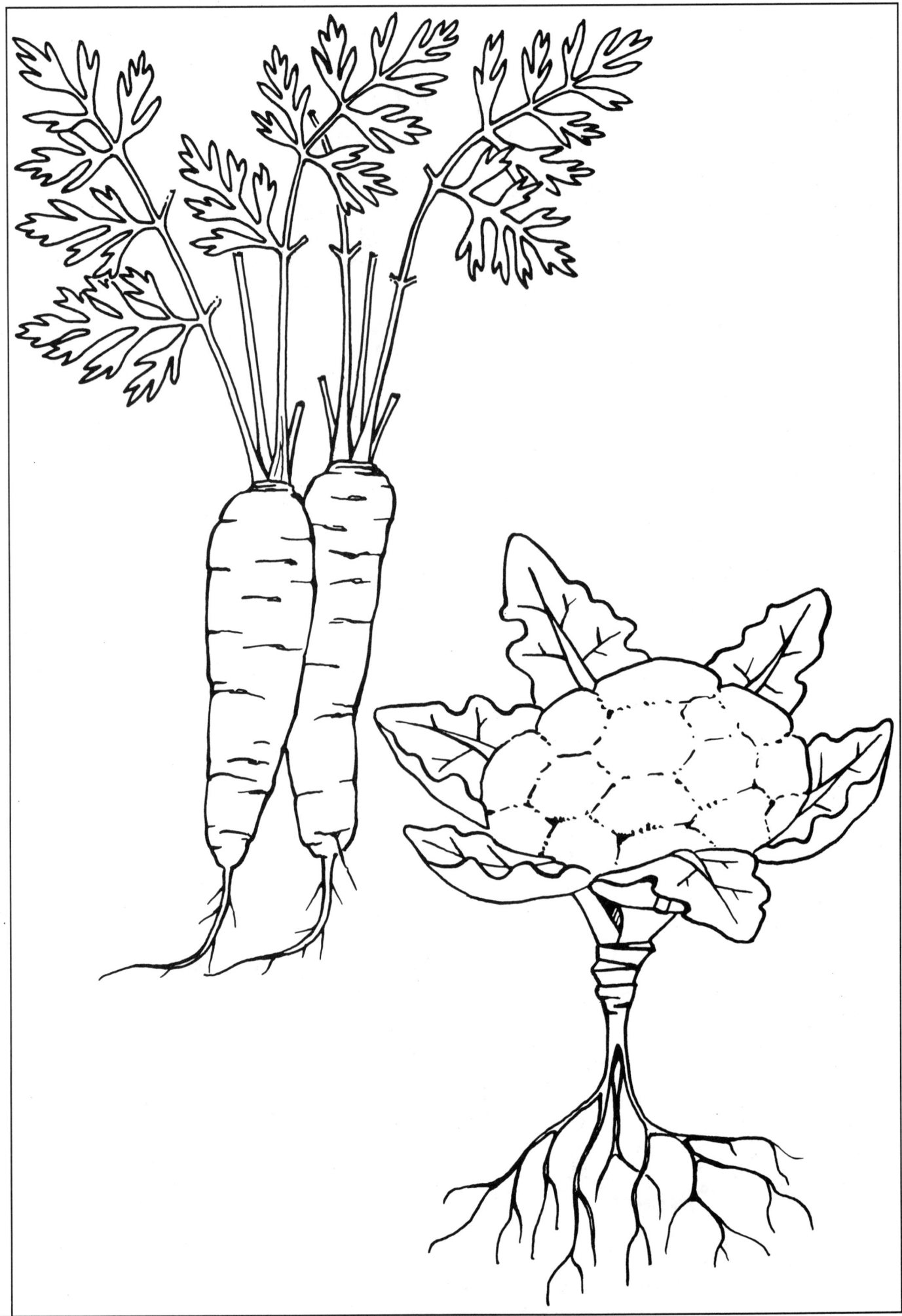

Tafelbilder: Gemüse

Blatt-
gemüse

Frucht-
gemüse

Wurzel-
gemüse

Gruppenarbeit: Bildkarten

Zusatzaufgabe: Überlege auch:
Kartoffeln, Zwiebeln, Lauch, rote Beete, Erbsen, Mais, Rettich, Kürbis

Gruppenarbeit: Bildkarten

Spinat	Radieschen
Gurke	Kohlrabi
Spargel	Kopfsalat
Blaukraut (Rotkohl)	Rosenkohl

Zusatzaufgabe: Überlege auch:
Kartoffeln, Zwiebeln, Lauch, rote Beete, Erbsen, Mais, Rettich, Kürbis

Arbeitsblatt 37

HSU

Name:

Welchen Teil des Gemüses essen wir?

Vorlage für Handpuppe 38

Gemüseball

Text: Werner Halle
Melodie: Eva Mrosek

1. Ges-tern a-bend auf dem Ball, tanz-te Herr von Zwie-bel mit der Frau von Pe-ter-sil. Ach, das war nicht ü-bel.

Tra la la, tra la la, ach, das war nicht ü- - bel.

Tra la la, tra la la, ach, das war nicht ü-bel.

2. Die Prinzessin Sellerie, tanzte fein und schicklich
   mit dem Prinzen Rosenkohl. Ach, was war sie glücklich!

3. Der Baron von Kopfsalat, tanzte leicht und herzlich
   mit der Frau von Sauerkraut; doch die blickte schmerzlich.

4. Ritter Kürbis, groß und schwer, trat oft auf die Zehen.
   Doch die Gräfin Paprika ließ ihn einfach stehen.

① Unterstreiche in jeder Strophe die beiden Tanzpartner!
② Wer tanzt mit wem? Verbinde!

Stationentraining

Vorbereitung:

- Jedes Kind hat ein Brettchen, ein Messer und Servietten mitgebracht
- Zwei Körbe mit verschiedenen ausgewählten (geeigneten) Obst- und Gemüsesorten in Anzahl der Schüler und Lehrer/in. Tücher bedecken die Obst-und Gemüsekörbe
- Karteikartenvordrucke in Anzahl der Schüler und eine Folie kopieren
- Arbeitsaufträge in Anzahl der Schüler kopieren, zerschneiden und den jeweiligen Stationen zuordnen
- Stationenkarten vergrößert kopieren und vor der Tafel aufbauen, z.B. auf Tischen oder Stühlen
- Sachtext „Wo wachsen die verschiedenen Früchte" nochmals kopieren und Sachtext „Woher kommt das Gemüse" neu kopieren und an die Station 5 legen

Organisation:

Es werden fünf Stationen angeboten. Die Stationenschilder sind vor der Tafel auf Tischen oder Stühlen aufgebaut. Die Arbeitsaufträge liegen an der jeweiligen Station bereit. Jedes Kind erhält einen Karteikartenvordruck, auf dem es sein Beobachtungen und Erkenntnisse einträgt. Als Ergebnis entsteht am Ende des Stationentrainings eine Obst- und Gemüsekartei, die in der Klasse als Nachschlagewerk genutzt werden kann. Die Schüler arbeiten während des Stationentrainings an ihrem Platz. Dort liegen Messer und Brettchen der Schüler bereit.

Das Stationentraining beginnt im Sitzkreis mit der ersten Station. Lehrer/in greift in einen zugedeckten Korb, ertastet ein Obst oder Gemüse. Lehrer/in beschreibt es mit eigenen Worten (Form, weich, hart, glatt, rau, spitz usw.) und versucht es zu erraten. Exemplarisch bearbeiten nun Lehrer/in und Schüler die Karteikarte gemeinsam an der Folie. Am Ende des Stationentrainings hat jeder Schüler eine Karteikarte erstellt, die er seinen Mitschülern präsentiert.

Schüler nehmen sich jeweils den Arbeitsauftrag der Station und gehen zurück auf ihren Platz.

Lehrer/in erklärt den Ablauf des Stationentrainings vor Beginn, den die Schüler wiederholen.

1. Station: Ertasten und Erraten des Obstes/Gemüses

Die erste Station findet noch im Sitzkreis statt. Die zwei Körbe wandern gegengleich im Kreis. Ein Schüler beginnt ein Obst oder Gemüse zu ertasten, beschreibt es und versucht es zu erraten. Währenddessen kann schon ein zweiter Schüler fortfahren, das Obst/Gemüse zu erfühlen und sich Gedanken zu machen. Am Ende der Runde gehen alle mit ihrem Obst auf ihren Platz und notieren den Namen des Obstes/Gemüses und ihre gemachten Beobachtungen auf ihrer Karteikarte.

Arbeitsauftrag:

Beschreibe, wie sich dein Obst anfühlt (rau, glatt, weich, hart, spitz, schwer, leicht, haarig)!

2. Station: Beschreiben der äußeren Form und Farbe

Die Schüler holen sich den nächsten Arbeitsauftrag der Station zwei.

Arbeitsauftrag:

Betrachte dein Obst/Gemüse genau. Beschreibe es nach seiner Farbe und äußeren Form (rund, länglich, lang, groß, klein, schmal, dick, dünn, oval, herzförmig, krumm, spitz, glitschig)! Male dein Obst/Gemüse oben links auf deine Karteikarte!

3. Station: Aufschneiden, Beschreiben und Malen des Inneren

Die Schüler holen sich den nächsten Arbeitsauftrag der Station drei und verwenden ihr Messer und Brettchen.

Arbeitsauftrag:

Schneide dein Obst/Gemüse auf! Betrachte das Innere genau! Hat es ein Kernhaus, Kerne usw.? Ist es innen weich, hart? Welche Farbe hat es innen?
Male das Innere deines Obstes/Gemüses oben rechts auf deine Karteikarte!

4. Station: Riechen und Schmecken

Die Schüler holen sich den nächsten Arbeitsauftrag der Station vier und notieren ihre Beobachtungen auf der Karteikarte.

Arbeitsauftrag:

Rieche an deinem Obst/Gemüse! Probiere es und notiere auf deiner Kartei, wie es schmeckt (süß, sauer, salzig, saftig, trocken, scharf, fruchtig, wässrig, fleischig, mehlig)!

5. Station: Bestimmen der Herkunftsländer

An dieser Station liegen die Sachtexte bereit. Lehrer/in verweist nochmals auf die Weltkarte. Die Schüler holen sich ihren Arbeitsauftrag und den entsprechenden Sachtext und tragen auf ihrer Karteikarte die Herkunft ein.

Arbeitsauftrag:

Woher kommt dein Obst/Gemüse? Schaue auf unserer Weltkarte nach! Lies die Sachtexte nach!

Reflexion:

Im Sitzkreis zeigen die Schüler ihr Obst und Gemüse, das sie bearbeitet haben, und tragen ihre Ergebnisse auf der Karteikarte vor. Lehrer/in und Schüler korrigieren.

Nachdenken über Organisation (Haben wir uns gegenseitig behindert? Hatten wir genügend Zeit?), Ablauf (War es zu laut?) und Arbeitsform des Stationentrainings (Hat es Spaß gemacht?)

Weiterführung:

Obst- und Gemüsebuffet

Nach dem Stationentraining kann mit dem übrigen Obst und Gemüse ein Obst und Gemüsebuffet angerichtet werden. Die Schüler schneiden ihr Obst/Gemüse in kleine Stücke und richten es auf ihrem Brettchen an. Ein großes Gemüse- und Obstbuffet entsteht. Dort kann gerochen und probiert werden.

Obstsalat und Gemüse-Pommes

Alternativ kann das im Stationenbetrieb verwendete Obst und Gemüse gleich für den Obstsalat bzw. für die Gemüse-Pommes verwendet werden.

Vorgehensweise:

Die Rezepte werden in arbeitsteiliger Gruppenarbeit gelesen. Die Schüler wiederholen, was zur Herstellung der Gerichte benötigt wird. Anschließend wird in der Gruppe genau erklärt, was jedes Kind mitbringen muss. Manches wird nur einmal pro Gruppe gebraucht.

In der nächsten Heimat- und Sachunterrichtstunde stellen die Gruppen ihr Gericht her. Die Schüler erklären den anderen Gruppen, wie sie ihr Gericht zubereitet haben. Es darf gegenseitig gekostet werden.

Arbeitsaufträge für das Stationentraining

1. Station
Beschreibe, wie sich dein Obst anfühlt (rau, glatt, weich, hart, spitz, schwer, leicht, haarig)!

2. Station
Betrachte dein Obst/Gemüse genau! Beschreibe es nach seiner Farbe und äußeren Form (rund, länglich, lang, groß, klein schmal, dick, dünn, oval, herzförmig, krumm, spitz, glitschig)!
Male dein Obst/Gemüse oben links auf deine Karteikarte!

3. Station
Schneide dein Obst/Gemüse auf! Betrachte das Innere genau! Hat es ein Kernhaus, Kerne usw.? Ist es innen weich, hart. Welche Farbe hat es innen?
Male das Innere deines Obstes/Gemüses oben rechts auf deine Karteikarte!

4. Station
Rieche an deinem Obst/Gemüse! Probiere es und notiere auf deiner Kartei, wie es schmeckt (süß, sauer, salzig, saftig, trocken, scharf, fruchtig, wässrig, fleischig, mehlig)!

5. Station:
Woher kommt dein Obst/Gemüse? Schaue auf unserer Weltkarte nach! Lies die Sachtexte nach!

Woher kommt das Gemüse?

Fast alle Gemüsesorten wachsen auch bei uns in Deutschland. In der kalten Jahreszeit kommt das Gemüse oft aus wärmeren Ländern, wie Italien und Spanien. Holland beliefert uns das ganze Jahr mit Gemüse. Dort wird es in großen Gewächshäusern unter künstlichem Licht gezüchtet. Weil Holland sehr, sehr viel Gemüse produziert, kann es bei uns oft günstiger verkauft werden als einheimisches Gemüse. Einheimisches Gemüse und Gemüse aus sonnigen Ländern schmeckt aber meist besser, weil es unter der natürlichen Sonne gereift ist.
Zucchini kommen ursprünglich aus Italien, wachsen inzwischen auch sehr gut bei uns. Auberginen werden aus Italien, Indien, China und der Türkei eingeführt.

Wir bereiten einen Obstsalat zu

Du brauchst:

1 Brettchen
1 scharfes Messer
1 große Schüssel (pro Gruppe)
1 Salatbesteck (pro Gruppe)
1 Teelöffel
1 Dessertschälchen
1 Serviette
verschiedenes Obst
Nüsse oder Mandeln ohne Schale
Honig oder Zucker (pro Gruppe)
Zitronensaft (pro Gruppe)

Zubereitung:

1. Wasche das Obst gut.
2. Schäle die Früchte, die eine Schale haben.
3. Entferne bei Äpfeln und Birnen das Kernhaus.
4. Schneide das Obst in kleine Stücke.
5. Vermische das geschnittene Obst mit Zitronensaft, sonst wird es braun.
6. Zerkleinere die Nüsse.
7. Wenn du es süß magst, gibst du einen Löffel Honig dazu.
8. Vermenge alles mit dem Salatbesteck.
9. Stelle die Schüssel zugedeckt eine Stunde in den Kühlschrank.
10. Fülle den Obstsalat in kleine Schälchen.

Wir bereiten Gemüse-Pommes zu

Du brauchst:

1 Brettchen
1 scharfes Messer
1 große Schüssel (pro Gruppe)
1 kleines Schälchen für das Gemüse
1 Schälchen für die Soße
1 Tellerchen zum Essen
1 Löffel
Gemüse, z. B. Karotten,
Paprika, Lauch, Salatgurke, Kohlrabi
Kräuter, z. B. Petersilie, Schnittlauch, Dill oder Basilikum
1 Jogurt
1 Serviette

Zubereitung:

1. Wasche das Gemüse gründlich.
2. Schneide das Gemüse in pommesdicke Streifen.
3. Schneide die Kräuter ganz fein.
4. Für die Soße verrührst du den Jogurt mit den Kräutern.
5. Tauche die Gemüse-Pommes mit der Hand in die Soße.

Guten Appetit!

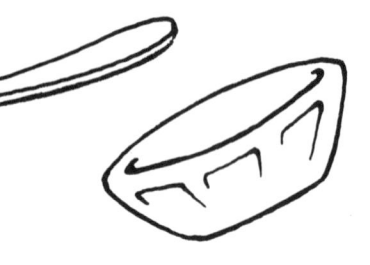

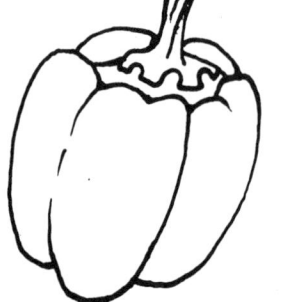

Obstkartei

Male! Male!

Name

Frucht außen Frucht innen

1. Wie fühlt es sich außen an?

2. Welche Form hat es?

3. Welche Farbe hat es?

4. Wie sieht es innen aus?

5. Wie schmeckt es?

6. Aus welchem Land kommt es?

Gemüsekartei

Male!   Male!

Name

Gemüse außen   Gemüse innen

1. Wie fühlt es sich außen an?

2. Welche Form hat es?

3. Welche Farbe hat es?

4. Wie sieht es innen aus?

5. Wie schmeckt es?

6. Aus welchem Land kommt es?

Lernzielkontrolle

LZK Name:

Was weißt du über das Obst und das Gemüse?

1. Schreibe die Namen des Obstes und des Gemüses zum jeweiligen Bild.

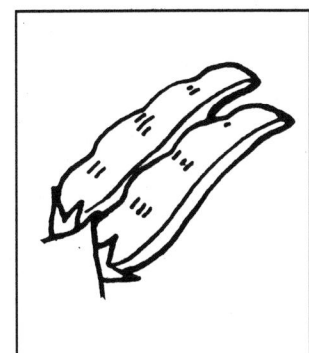

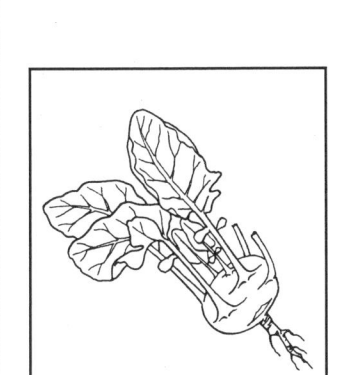

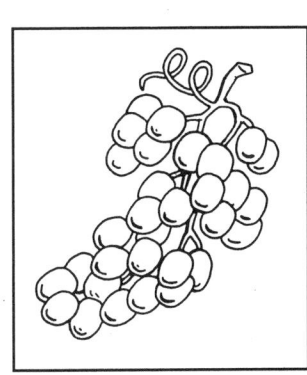

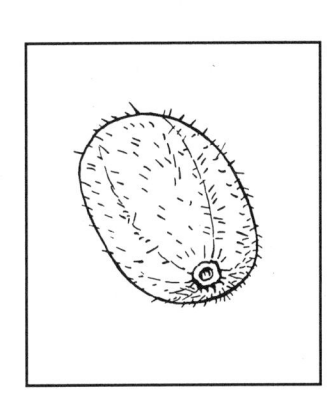

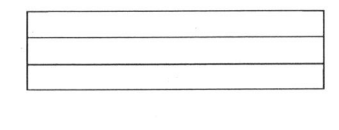

2. Was unterscheidet Obst und Gemüse?

3. Wie nennt man Obst, das bei uns wächst? Schreibe drei Beispiele auf.

LZK Name:

4. Wie nennt man Obst, das nur in sonnigen, warmen Ländern wächst? Schreibe drei Beispiele auf.

5. Begründe, warum das Obst, das von weit her kommt, oft teuer ist.

6. Welchen Teil des Gemüses essen wir?

- Von der Tomate?

Deshalb gehört sie zum

- Von der Karotte?

Deshalb gehört sie zum

- Vom Kürbis?

Deshalb gehört er zum

- Vom Kopfsalat?

Deshalb gehört er zum

- Vom Weißkraut?

Deshalb gehört es zum

Von ____ Punkten hast du ____ erreicht.

Koautorinnen zum Themenbereich Hecke:
Marika Ollet / Brigitte Staudt

Wir lernen den Lebensraum Hecke kennen

Vorschläge zur Unterrichtsgestaltung:
Begleitend zum Themenbereich Hecke kann ein Heckenbuch gestaltet werden. Alle im Unterricht verwendeten Kopiervorlagen und Arbeitsblätter können in das Heckenbuch geheftet werden.

Zu jeder Jahreszeit kann Lehrer/in die Hecke fotografieren und im Klassenzimmer aushängen.

| Frühling | Sommer | Herbst | Winter |

I. Die Hecke im Herbst:
1. UZE: Unterrichtsgang: Wir schauen uns die Hecke im Herbst genau an
2. UZE: Wir kennen verschiedene Heckensträucher und Heckenfrüchte
3. UZE: Wir untersuchen verschiedene Heckensträucher und Heckenfrüchte
4. UZE: Wir unterscheiden giftige und ungiftige Heckenfrüchte

1. UZE:
Unterrichtsgang: Wir schauen uns die Hecke im Herbst genau an
Vorbereitung:
* kleine Plastiktüten mitbringen
* evtl. Klarsichthüllen für die Beobachtungsbögen in Schüleranzahl bereitlegen
* Beobachtungbögen in Anzahl der Schüler kopieren

Unterrichtsgang mit dem Federmäppchen zur Hecke. Die Schüler bringen dazu evtl. eine Lupe mit. Lehrer/in verteilt an die Schüler kleine Plastiktüten und den Beobachtungsbogen „Wir schauen uns die Hecke im Herbst an".

Im Anschluss an den Unterrichtsgang findet ein Unterrichtsgespräch im Klassenzimmer statt. Im Sitzkreis zeigen die Schüler ihre mitgebrachten Fundstücke von der Hecke.

Fächer übergreifender Unterricht:

Kunst:
In Gruppen erstellen die Schüler eine Collage mit den gefundenen Schätzen der Hecke auf bunten Fotokarton. Aus den Gegenständen können auch Figuren geklebt werden, z. B. Gesichter o. Ä.

Beobachtungsbogen für den UG im Herbst

Name:

Wir schauen uns die Hecke im Herbst an

1. Schaue genau auf den Boden. Du kannst sicher etwas finden. Sammle es in deiner Tüte.

2. Entdeckst du Spuren von Tieren? Schaue genau, auch mit der Lupe.

3. Schaue die Sträucher und Früchte genau an. Welche Farbe haben die Früchte?

4. Male eine Frucht genau ab.

5. Höre genau hin. Was kannst du hören?

Tafelbilder: Schlehe / Pfaffenhütchen

Tafelbilder: Liguster/Weißdorn

Tafelbilder: Hagebutte/Holunder

Tafelbild: Wortkarten

Liguster
Weißdorn
Pfaffenhütchen
Hagebutte
Schlehe
Holunder

Name:

Wir kennen verschiedene Heckensträucher und Heckenfrüchte

Schreibe die Namen der Frucht neben das Bild und male die Früchte richtig aus.

Mein Heckenbuch

Name:

Name:

Ich bin die Hecke mit meinen Sträuchern

Ich bin die Hecke mit meinen Sträuchern,
im Herbst zeig ich dir die Früchte an, schau mich an, schau mich an.

Ich bin die Hagebutte, mit einem purpurroten Mantel an.
Auch kleine, spitze Dornen hab ich dran.

Ich bin die schwarze Schlehe, saure Frucht mit großem, dickem Kern.
Ich hab auch Stacheln, bleib mir lieber fern.

Ich bin der schwarze Holunder, an Dolden hab ich viele Beeren dran.
An Dolden hab ich viele Beeren dran.

Ich bin der schwarze Liguster, kleine schwarze Beeren zeig ich dir.
In der Stadt, da wachs ich gern.

Ich bin das Pfaffenhütchen, gleich einem roten Pfarrershut.
Ich bin giftig, sei auf der Hut!

Ich bin der Weißdorn, hab gesunde Früchte dran.
Man es sich schmecken lassen kann.

2. UZE:
Wir kennen verschiedene Heckensträucher und Heckenfrüchte

Vorbereitung:
* Tafelbilder „Früchte" kopieren und entsprechend ausmalen
* Wortkarten zu den Früchten kopieren
* Lehrer/in bringt von allen Sträuchern einen Zweig und die dazugehörige Frucht mit

Hinweis:
Ausreichende Anzahl an Hagebutten sammeln und aufbewahren. Diese werden benötigt für die 4. UZE: Die Entwicklung von der Blüte (Heckenrose) zur Frucht (Hagebutte) in: Die Hecke im Frühjahr S. 75

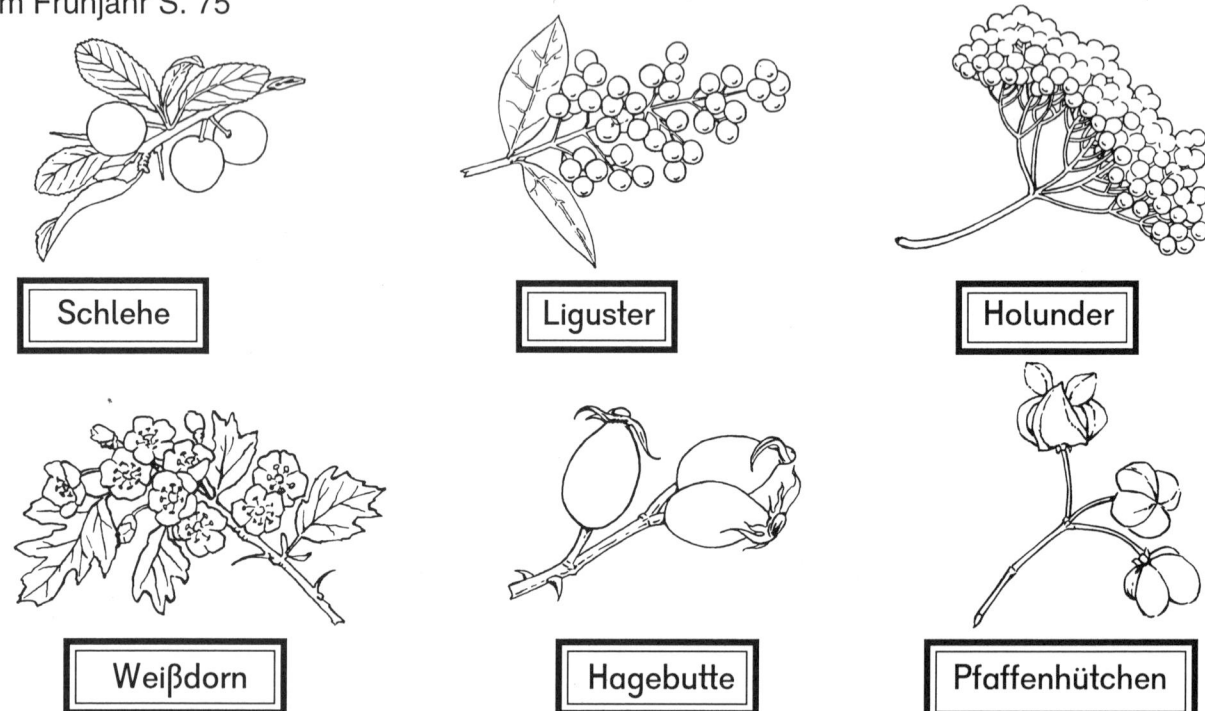

Schlehe	Liguster	Holunder
Weißdorn	Hagebutte	Pfaffenhütchen

Betrachten und beschreiben der Früchte und Sträucher der Hecke. Lehrer/in und Schüler zeigen die Zweige der Sträucher und die Früchte (evtl. Verbalisieren der Begriffe Ast, Zweig, Blatt, Frucht). Die Schüler nennen die Namen der Früchte und Sträucher, hängen die Bilder „Früchte" an die Tafel und ordnen die Wortkarten richtig zu. Anschließend bearbeiten sie das Arbeitsblatt „Wir kennen verschiedene Heckensträucher und Heckenfrüchte".

3. UZE:
Wir untersuchen verschiedene Heckensträucher und Heckenfrüchte

Vorbereitung:
* Mindestens eine Frucht und Zweige/Sträucher für eine Gruppe bereitstellen
* Arbeitsblatt in Schüleranzahl kopieren

Gruppenarbeit:
Jede Gruppe bekommt eine Frucht zugeteilt. Jedes Kind erhält das Arbeitsblatt „Wir untersuchen verschiedene Heckensträucher und Heckenfrüchte" mit den Arbeitsaufträgen. Die Schüler bearbeiten in der Gruppe ihr Arbeitsblatt.
Anschließend stellt jede Gruppe ihre Frucht im Sitzkreis anhand des Arbeitsblattes vor.

Name:

Wir untersuchen verschiedene Heckensträucher und Heckenfrüchte

1. Schau die Heckenfrucht genau an.

a. Welche Farbe hat die Frucht?

b. Welche Form?

c. Was fällt besonders auf?

d. Male die Heckenfrucht ab.

2. Schau die Blätter genau an.

a. Wie schauen sie aus? Kreuze an oder schreibe.

hellgrün	dunkelgrün
rund	länglich
glatt	zackig

b. Male ein Blatt genau ab.

3. Fühle mit deinen Händen die Zweige und Sträucher.

Wie sind sie? Kreuze an oder schreibe.

| weich | hart | stachelig | |

4. UZE:
Wir unterscheiden giftige und ungiftige Heckenfrüchte

Vorbereitung:
* beliebige Marmelade und beliebige Saftflasche mitbringen
* kleine Sachtexte über die Heckenfrüchte in Anzahl der Gruppen kopieren
* Arbeitsblätter in Anzahl der Schüler kopieren
* Bilder „Heckenfrüchte für das Arbeitsblatt" in Anzahl der Schüler kopieren

Stundenskizze

Lehrer/in zeigt Marmeladenglas.
Es wird die Frage gestellt, ob man aus den Heckenfrüchten Marmelade oder Säfte oder andere Gerichte herstellen kann?
Die Vermutungen der Schüler werden an der Tafel festgehalten:

> Einige Heckenfrüchte sind essbar, einige sind nicht essbar/giftig.

In der Gruppenarbeit erlesen sich die Schüler mit Hilfe der kleinen Sachtexte, welche Früchte giftig/ungiftig sind und was aus den essbaren Früchten zubereitet werden kann.
Anschließend werden die Gruppenergebnisse vorgestellt.
Zur Sicherung werden auf dem Arbeitsblatt die Sachtexte noch einmal gelesen und die richtigen Bilder zugeordnet.

Fächer übergreifender Unterricht
Kunst
Wir basteln Heckenrosenpüppchen

Zum Ausschneiden: Bilder „Heckenfrüchte" für das Arbeitsblatt

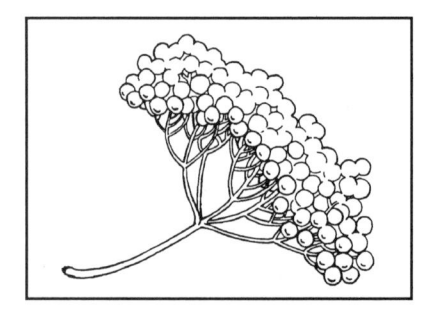

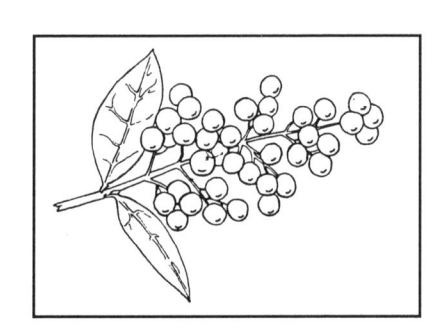

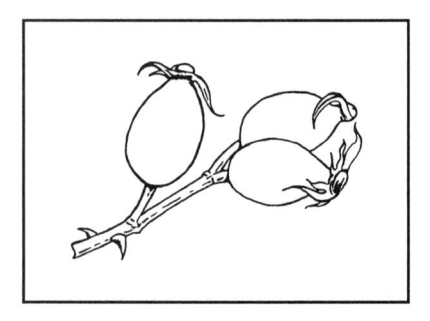

Name:

Wir unterscheiden giftige und ungiftige Heckenfrüchte

Lies den Text genau durch und klebe das richtige Bild dazu!

Holunder
Holunderbeeren kannst du essen. Sie sind nicht giftig. Du kannst aus den Blüten Limonade, Sirup oder Tee kochen. Die Früchte können zu Saft oder Marmelade verarbeitet werden. Holunder ist sehr gesund, allerdings solltest du die Beeren nicht roh essen, sonst kannst du an Durchfall, Übelkeit oder Erbrechen erkranken.

Schlehe
Die Schlehe ist essbar und enthält viel Vitamin C. Sie ist sehr gesund und stärkt die Abwehr. Aus dem Fruchtfleisch kann man Saft, Likör, Obstmus oder Marmelade kochen. Die Blüten und Blätter können als Tee zubereitet werden. Das schmeckt sehr gut.

Liguster
Die Ligusterbeeren sind giftig. Du darfst sie nicht essen, sonst wirst du krank und bekommst Durchfall, Krämpfe oder musst erbrechen.

Hagebutte
Die Hagebutte kannst du essen. Sie schmeckt sehr gut. Du solltest sie nicht roh essen, sondern davon Marmelade oder Tee kochen. Die Hagebutte enthält viel Vitamin C und ist sehr gesund. Sie schützt vor Erkältungen und stärkt die Abwehrkräfte.

Pfaffenhütchen
Das Pfaffenhütchen ist giftig! Du darfst die Beeren auf keinen Fall essen, sonst wirst du sehr krank.

Weißdorn
Weißdorn ist ungiftig. Du kannst von den Blüten und Früchten Tee kochen, der sehr gesund ist.

Holunder
Holunderbeeren kannst du essen. Sie sind nicht giftig. Du kannst aus den Blüten Limonade, Sirup oder Tee kochen. Die Früchte können zu Saft oder Marmelade verarbeitet werden. Holunder ist sehr gesund, allerdings solltest du die Beeren nicht roh essen, sonst kannst du an Durchfall, Übelkeit oder Erbrechen erkranken.

Schlehe
Die Schlehe ist essbar und enthält viel Vitamin C. Sie ist sehr gesund und stärkt die Abwehr. Aus dem Fruchtfleisch kann man Saft, Likör, Obstmus oder Marmelade kochen. Die Blüten und Blätter können als Tee zubereitet werden. Das schmeckt sehr gut.

Liguster
Die Ligusterbeeren sind giftig. Du darfst sie nicht essen, sonst wirst du krank und bekommst Durchfall, Krämpfe oder musst erbrechen.

Hagebutte
Die Hagebutte kannst du essen. Sie schmeckt sehr gut. Du solltest sie nicht roh essen, sondern davon Marmelade oder Tee kochen. Die Hagebutte enthält viel Vitamin C und ist sehr gesund. Sie schützt vor Erkältungen und stärkt die Abwehrkräfte.

Pfaffenhütchen
Das Pfaffenhütchen ist giftig! Du darfst die Beeren auf keinen Fall essen, sonst wirst du sehr krank.

Weißdorn
Weißdorn ist ungiftig. Du kannst von den Blüten und Früchten Tee kochen, der sehr gesund ist.

Name:

Wir sind die Heckenfrüchte, schau uns gut an!

Der Unterschied ist schwer, ja schwer!
Lass uns nie allein. Ein Fachmann muss sein dabei!
Wir sind die Heckenfrüchte, iss uns nie vom Strauch,
du musst uns kochen, sonst schmerzt dir der Bauch.
Ich bin die Schlehe und du kannst mich essen.
Ich bin die Schlehe und ich schmecke gut.
Ich bin der Holunder und du kannst mich essen.
Ich bin der Holunder und ich schmecke gut.
Ich bin die Hagebutte und du kannst mich essen.
Ich bin die Hagebutte und ich schmecke gut.
Ich bin der Weißdorn und du kannst mich essen.
Ich bin der Weißdorn und ich bin gesund.
Ich bin der Liguster und ich bin giftig.
Ich bin der Liguster, mich darfst du nicht essen.
Ich bin das Pfaffenhütchen und ich bin giftig.
Ich bin das Pfaffenhütchen, mich darfst du nicht essen.

Wir basteln Heckenrosenpüppchen

Du brauchst:
* Heckenrosenblüten mit etwas längeren Stielen
* Nähgarn
* Schere
* Zahnstocher

So wird's gemacht:
Zuerst steckst du von unten in die Blüte einen Zahnstocher, damit du die Püppchen später aufstellen kannst. Jeweils zwei Blätter umwickelst du mit Faden als Arme. Oben an den Stiel bindest du Blütenblätter als Hüte. Du kannst hierzu auch Löwenzahnblüten oder Gänseblümchen nehmen. Mit den Püppchen kannst du auch spielen!

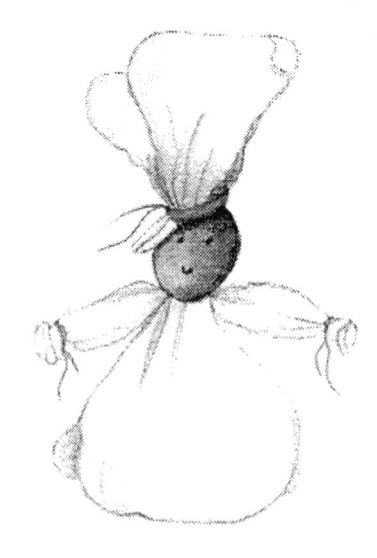

Wir malen unsere Hecke

Die Schüler erhalten gruppenweise ein großes Stück Malpapier (Gruppenarbeit - Gemeinschaftsbild). Alternativ kann auch jeder sein eigenes Bild malen. Fingerfarben stehen bereit, dazu kleine Gefäße zum Mischen der Farben und Papier zum Abwischen der Hände.

Schließe nun deine Augen. Ich lade dich jetzt ein, vor deinem inneren Auge ein Bild entstehen zu lassen. Versuche, dir eine Hecke vorzustellen. Erinnerst du dich an eine Hecke, die du schon gesehen hast? Oder entsteht vielleicht jetzt in diesem Augenblick eine neue Hecke in deiner Fantasie? Schau dir diese Hecke genau an - alles was du an und in ihr siehst! Halte dieses Bild deiner Hecke vor deinem inneren Auge fest und versuche alles so lebendig wie möglich zu sehen: jeden Ast, jeden Zweig, die Blüten und Blätter.
Nun versuche deine Hecke zu fühlen! Wie fühlen sich Äste, Zweige, Blüten und Blätter an? Wie ist deine Hecke im Boden verwurzelt?
Und wie riecht deine Hecke? Riecht sie frisch, duftet sie oder riecht sie eher verwelkt und modrig?
Leben auch Tiere in deiner Hecke?
Öffne nun die Augen und male deine Hecke, die du gesehen hast!

Rezepte - Kochen mit Heckenfrüchten

Hagebuttentee
Die Hagebuttenfrüchte können von den Kindern gepflückt werden und müssen ein paar Tage zum Trocknen gelagert werden. Wenn die Früchte dürr sind, müssen die Fruchtkerne entfernt werden. Die Schalen werden in kaltes Wasser gegeben und dann *15-20* Minuten gekocht, bis der Tee eine schöne Farbe und ein gutes Aroma hat. Der Tee wird abgesiebt und mit Milch und Zucker serviert.

Hagebuttenmus
Die Hagebutten pflücken, reinigen und einfrieren. Dadurch werden sie weich und können nun problemlos durch ein Sieb passiert werden. Jetzt kann das Mus beliebig mit Honig gesüßt werden. Der so zubereitete Brotaufstrich ist reich an Vitamin C, er muss im Kühlschrank aufbewahrt und bald verzehrt werden.

Hollerküchle
Du brauchst: Eierkuchenteig (Pfannkuchenteig), Fett zum Ausbacken, eine Pfanne, Holunderblüten
Vorbereitung:
Die frisch abgeschnittenen Dolden (Blüten) werden einige Minuten in kaltes Wasser gelegt, damit die kleinen Insekten, die sich ab und zu in den Blüten aufhalten, herauskommen. Zum Trocknen werden die Holunderdolden dann auf ein Handtuch gelegt.
Zubereitung:
2 Eier, *1* Tasse Mehl, eine halbe Tasse Wasser und *1* Esslöffel Öl zu einem dünnen Eierkuchenteig (Pfannkuchenteig) verrühren. In der Pfanne wird das Öl erhitzt.
Die Holunderdolden werden zuerst in den Teig getaucht und dann in der Pfanne herausgebacken, bis sie auf beiden Seiten goldbraun sind.

Holundersaft
Beeren mit einer Gabel von der Dolde streifen, mit wenig Wasser erhitzen, zerdrücken und passieren. Zucker je nach Geschmack zugeben (zum Süßen eignet sich auch Apfel- oder Birnensaft), alles kurz aufkochen lassen und noch heiß in vorbereitete Flaschen abfüllen. Mit Mineral- oder Leitungswasser verdünnt ergibt Holundersaft ein erfrischendes Getränk.
Achtung: Holunder färbt sehr stark, deshalb beim Arbeiten auf Sauberkeit achten.

Holundermarmelade
Holunderbeeren wie für den Saft vorbereiten und die gewonnene Flüssigkeit abwiegen. Die gleiche Menge Gelierzucker zugeben, aufkochen und *3* Minuten kochen lassen. Noch heiß in Schraubgläser füllen und verschließen.
Je nach Geschmack kann die Marmelade mit Zimt, Ingwer oder Vanille gewürzt werden.

Schlehenblütentee
2 Teelöffel getrocknete Schlehenblüten mit einem Viertel Liter kochendem Wasser übergießen und *10* Minuten ziehen lassen. Der Tee ist als mildes Abführmittel auch für Kinder geeignet.

Schlehensaft
Die Schlehen werden nach dem ersten Frost geerntet und mit kochendem Wasser übergossen, bis sie bedeckt sind. Nach *1-2* Tagen gießt man den tiefroten Saft ab, gibt pro Liter *500* g Zucker dazu, kocht dies unter ständigem Rühren auf und gießt den fertigen Saft in vorbereitete Flaschen.

II. Die Hecke im Winter:

1. UZE: Unterrichtsgang: Wir schauen uns die Hecke im Winter genau an
2. UZE: Die Tiere der Hecke im Winter

1. UZE:
Unterrichtsgang: Wir schauen uns die Hecke im Winter genau an

Vorbereitung:
* Beobachtungsbogen in Anzahl der Schüler kopieren

Unterrichtsgang nach Schneefall. Nach der Rückkehr ins Klassenzimmer vervollständigen die Schüler evtl. noch ihren Beobachtungsbogen. Danach stellen die Schüler ihre Beobachtungen vor.

2. UZE:
Unterrichtsgang: Die Tiere der Hecke im Winter

Vorbereitung:
* Folie Tiere der Hecke und Tabelle Tiere der Hecke kopieren
* Sachtexte in Gruppenanzahl kopieren
* Arbeitsblätter (Winterbild) und die dazugehörigen Tiere in Schüleranzahl kopieren
* Bereitlegen von Tierbüchern

Unterrichtsverlauf:
Die Schüler können vermutlich nur wenige Tiere aufzählen, die im Winter in der Hecke wohnen. Die Hecke ist aber für viele Tiere ein wichtiger Lebensraum.

Hinführung:
Lehrer/in zeigt die Folie mit den Tieren, die die Hecke im Laufe des Jahres bewohnen.

Erarbeitung:
Zum Klären der Begriffe „Wohn- und Nistplatz", „Nahrungsstätte", „Einstandplatz", „Ansitz- und Singwarte" und „Winterquartier" verteilt Lehrer/in die Sachtexte.
Danach können die Schüler die obigen Begriffe erklären.
Anschließend erlesen die Schüler aus der Tabelle, welche Tiere im Winter die Hecke aufsuchen (Bockkäfer, Zauneidechse, Lehmwespe, Erdkröte, Haselmaus, Schmetterling, Schnecke, Igel).

Sicherung:
Als Sicherung erhalten die Schüler das Winterbild und die Tiere der Hecke im Winter. Die Schüler schneiden die Tiere aus und kleben sie in das Winterbild. Anschließend informieren sich die Schüler in den Tierbüchern über das Aussehen der Heckenbewohner und malen sie richtig aus.

Hausaufgabe:
Als Hausaufgabe beschaffen sie sich noch mehr Informationen über die Tiere.

Beobachtungsbogen für den UG nach Schneefall

Name:

Wir schauen uns die Hecke im Winter an

1. Beschreibe die Hecke genau.
   Was hat sich seit unserem letzten Besuch im Herbst verändert?

2. Findest du Spuren von Tieren im Schnee?
   Von welchen Tieren könnten sie sein?

3. Zeichne Spuren von Tieren genau ab.

4. Wozu ist die Hecke den Tieren im Winter nützlich?

Wie nutzen Tiere die Hecke?

	Wohn- u./o. Nistplatz	Nahrungsstätte	Einstandsplatz	Ansitz- und Singwarte	Winterquartier
1 Waldohreule	ja	nein	ja	ja	nein
2 Turmfalke	ja	nein	ja	ja	nein
3 Grünspecht	ja	zum Teil	ja	nein	nein
4 Neuntöter	ja	zum Teil	ja	ja	nein
5 Feldhase	nein	nein	ja	nein	nein
6 Zauneidechse	ja	zum Teil	ja	nein	ja
7 Bockkäfer	ja	ja	nein	nein	ja
8 Lehmwespe	ja	ja	nein	nein	ja
9 Dorngrasmücke	ja	ja	ja	nein	nein
10 Erdkröte	ja	zum Teil	ja	nein	ja
11 Haselmaus	ja	ja	ja	nein	ja
12 Goldammer	ja	nein	ja	nein	nein
13 Igel	ja	zum Teil	ja	nein	ja
14 Schnecke	ja	ja	nein	nein	ja
15 Schmetterling	ja	ja	nein	nein	ja

Sachtext für die Gruppenarbeit

Gruppe 1

Arbeitsauftrag:
Lies nach und schreibe auf, welche Tiere in der Hecke leben!

Wohn- und Nistplatz

Die Waldohreule, der Hermelin und die Erdkröte verbringen ihre Ruhezeiten ungestört in der Hecke. Die Zauneidechse, der Bockkäfer und der Goldammer legen ihre Eier ab. Der Igel, die Dorngrasmücke und der Turmfalke ziehen ihre Jungen auf. Die Lehmwespe, der Bockkäfer und der Schmetterling entwickeln sich als Larven.

Nahrungsstätte

Einige Tiere, wie z. B. Schnecken finden das ganze Jahr Nahrung. Andere kommen nur zu bestimmten Jahreszeiten, z. B. die Dorngrasmücke und der Neuntöter. Wieder andere Tiere besorgen sich ihre Nahrung außerhalb der Hecke. Schau dir dazu unten stehendes Bild an!

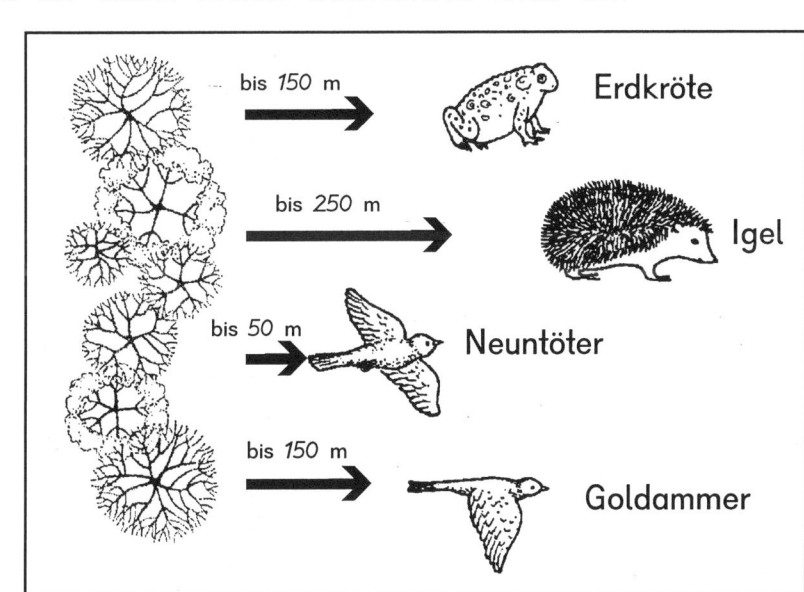

- bis 150 m → Erdkröte
- bis 250 m → Igel
- bis 50 m → Neuntöter
- bis 150 m → Goldammer

Sachtext für die Gruppenarbeit

Gruppe 2

Arbeitsauftrag:
Lies nach und schreibe auf, wie die Tiere die Hecke nutzen!

Einstandplatz

Die Hecke bietet Tieren Schutz. Sie finden Einstand (Unterschlupf) und Deckung, wenn sie sich bedroht fühlen. Bei Regen und Wind, bei Trockenheit und Hitze können sich die Tiere in die Hecke zurückziehen.

Ansitz- und Singwarte

Von den Baumen spähen die Eule, der Turmfalke und der Neuntöter nach Beute. Andere Vögel lassen von dort ihr Lied erklingen (Singwarte). Als Platz zum Flirten (Balzplatz) eignet sich die Hecke auch.

Winterquartier

Die Haselmaus und der Igel halten ihren Winterschlaf in der Hecke. Die Erdkröte und die Zauneidechse fallen in die Winterstarre. Auch Schnecken und Lehmwespen verbringen die kalte Jahreszeit in der Hecke.
Auch der Bockkäfer und der Schmetterling nutzen die Hecke als Winterquartier. Finde heraus, wie diese Tiere überwintern!

Kopiervorlage: Hecke im Winter

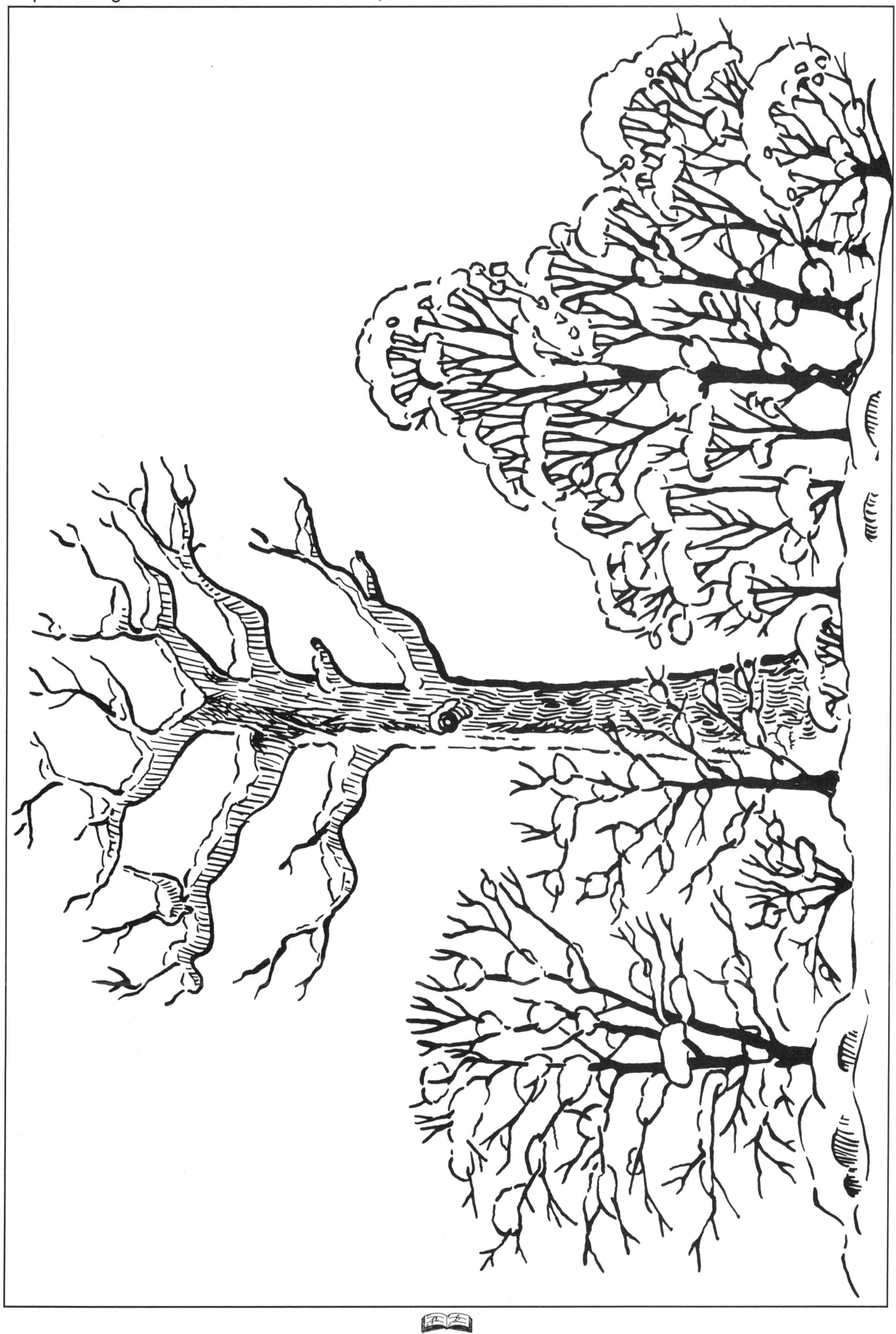

Tierbilder für 2 Schüler

Bockkäfer	Zauneidechse	Lehmwespe	Erdkröte
Haselmaus	Schmetterling	Igel	Schnecke

Bockkäfer	Zauneidechse	Lehmwespe	Erdkröte
Haselmaus	Schmetterling	Igel	Schnecke

III. Die Hecke im Frühjahr:

1. UZE: Unterrichtsgang: Wir schauen uns die Hecke im Frühjahr genau an
2. UZE: Die Stockwerke der Hecke
3. UZE: Die Tiere der Hecke
4. UZE: Die Entwicklung von der Blüte (Heckenrose) zur Frucht (Hagebutte)

1. UZE:
Unterrichtsgang: Wir schauen uns die Hecke im Frühjahr genau an

Vorbereitung:
* Beobachtungsbogen in Anzahl der Schüler kopieren
* evtl. Klarsichthüllen für die Schüler bereitlegen
* Federmäppchen mit Malstiften mitnehmen lassen

2. UZE:
Die Stockwerke der Hecke:

Vorbereitung:
* Lehrer/in kopiert das Heckenbild und vergrößert es auf Din A 3
* Sachtext „Stockwerke der Hecke" in Anzahl der Schüler kopieren (Arbeitsblatt)
* Wortkarten „Stockwerke der Hecke" für das Tafelbild kopieren

Einstieg:
Lehrer/in zeigt Bild der Hecke und erklärt, dass die Hecke in verschiedene Schichten aufgebaut ist. Wie diese heißen und woraus diese bestehen, erarbeiten sich die Schüler selbst anhand des Sachtextes.

Einzelarbeit:
Hierzu erhält jeder Schüler den Sachtext/Arbeitsblatt „Stockwerke der Hecke". Die Schüler erlesen sich den Text und bearbeiten die Arbeitsaufträge dazu. Sie stellen ihre Ergebnisse vor und heften die Wortkarten „Stockwerke der Hecke" an die entsprechende Stelle an der Tafel.

Wortkarten am Tafelbild

Sicherung:
Die Schüler beschriften ihren Sachtext/ihr Arbeitsblatt.

Beobachtungsbogen für den UG im Frühjahr

Name:

Wir betrachten die Hecke im Frühjahr

1. Kannst du Heckenbewohner (Tiere) entdecken, sehen oder hören? Schreibe auf.

2. Was siehst du am Boden?
   Kreuze richtig an oder schreibe auf. Zeichne auch.
   - Steine
   - Erde
   - Gras
   - Blumen
   - Tiere
   - _____

3. Was siehst du an den Zweigen?
   Kreuze richtig an oder schreibe auf. Zeichne auch.
   - Früchte
   - Blüten
   - Knospen
   - Blätter
   - nichts
   - _____

4. Betrachte die Hecke genau und male sie auf die Rückseite (quer).

Kopiervorlage Tafelbild: Lebensraum Hecke

Name:

Die Stockwerke der Hecke

Lies den Sachtext!
Unterstreiche die Schichten (Stockwerke) der Hecke und erkläre, aus was die jeweiligen Schichten bestehen!

Ähnlich wie der Wald ist auch die Hecke in Stockwerken aufgebaut. Man unterscheidet die Bodenschicht, die Krautschicht, die Strauchschicht und die Baumschicht.

Auf der Bodenschicht wachsen Moose, Flechten und Pilze. Kräuter, Gräser und niederes Gestrüpp bilden die Krautschicht. Alle Holzgewächse bis 5 m werden der Strauchschicht zugeordnet. Baume, die höher wachsen, gehören zur Baumschicht. Durch die verschiedenen Schichten ist die Hecke ein Lebensraum für viele Tiere. Pflanzen und Tiere bilden in der Hecke eine Lebensgemeinschaft.

Wortkarten: Stockwerke der Hecke

Bodenschicht

Krautschicht

Strauchschicht

Baumschicht

3. UZE:
Die Tiere der Hecke:

Vorbereitung:
* Dominovorlagen in Anzahl der Partnergruppen kopieren
* Tafelbild der letzten Stunde
* Für das Tafelbild vergrößert Lehrer/in Bilder und Wortkarten des Dominospiels
* Tiere der Hecke für den Hefteintrag in Anzahl der Schüler kopieren
* Tierbücher bereitlegen und mitbringen lassen

Hinführung:
Nach dem Unterrichtsgang stellen die Schüler ihre Beobachtungen (Punkt 1 und 2) vor. Die Tiere, die von den Schülern genannt werden, sammelt die Lehrkraft an der Tafel.

Erarbeitung:
Die Heckenbewohner erarbeiten sich die Schüler anhand des Dominospiels in Partnerarbeit.

Dominospiel

Die Schüler tragen vor, welche Tiere noch in der Hecke wohnen und heften Bild und Wortkarten in das Heckenbild an der Tafel.

Sicherung:
Die Schüler erhalten die Tiere der Hecke, die im Frühjahr die Hecke aufsuchen, und kleben sie in das selbst gemalte Bild der Hecke vom Unterrichtsgang. Auf die nächste freie Seite im Heft schreiben die Schüler die Tiere der Hecke mit Zahl und Namen. Zur Hilfe verwenden die Schüler ihr Domino.

Vertiefung:
Die Schüler suchen in den Tierbüchern die Tiere der Hecke und beschaffen sich so weitere Informationen.

Domino: Tiere der Hecke

Goldammer	Grasmücke	Fuchs	Erdkröte	Schnecke
Waldohreule	Sperber	Hase	Eidechse	Ameise
Heckenbraunelle	Grünspecht	Haselmaus	Spitzmaus	Laufkäfer
Neuntöter	Mauswiesel	Steinmarder	Igel	Schmetterling

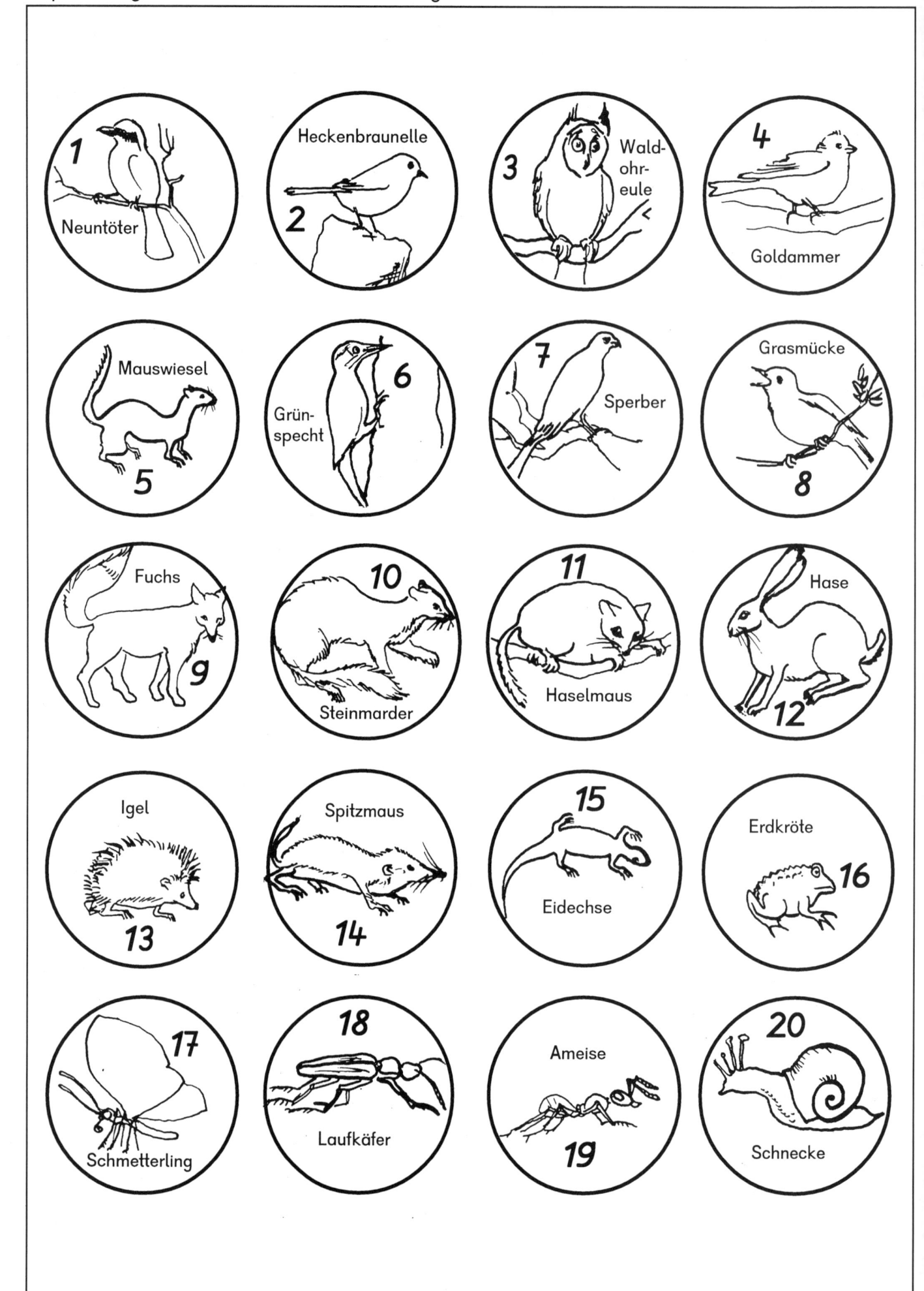

Kopiervorlage: Tiere der Hecke für Hefteintrag

1. Neuntöter
2. Heckenbraunelle
3. Waldohreule
4. Goldammer
5. Mauswiesel
6. Grünspecht
7. Sperber
8. Grasmücke
9. Fuchs
10. Steinmarder
11. Haselmaus
12. Hase
13. Igel
14. Spitzmaus
15. Eidechse
16. Erdkröte
17. Schmetterling
18. Laufkäfer
19. Ameise
20. Schnecke

4. UZE:
Die Entwicklung von der Blüte (Heckenrose) zur Frucht (Hagebutte)

Vorbereitung:
* evtl. erneuter Unterrichtsgang zur Hecke
* Beobachtungsbogen in Anzahl der Schüler kopieren
* Arbeitskarten für die Partnerarbeit kopieren
* Sachtexte in Gruppenanzahl kopieren
* Arbeitsblätter und dazugehörige Bilder in Anzahl der Schüler kopieren
* Pflanzenbücher mit Bildern von der Heckenrose, evtl. Heckenrosen im Orginal bereitlegen
* Die im Herbst gesammelten Hagebutten bereitlegen
* Tafelbilder vergrößert kopieren und ausmalen
* Schüler benötigen Brettchen und Messer

Unterrichtsgang zur Hecke:
Schüler bearbeiten dabei den Beobachtungsbogen.

Einstieg:
Schüler berichten vom Unterrichtsgang, ihren Beobachtungen und zeigen ihre Zeichnungen der Blüte der Heckenrose. Die Schüler beschreiben die Heckenrose.
Lehrer/in zeigt evtl. eine Blüte im Original und die Frucht Hagebutte. Die Schüler vermuten den Zusammenhang.

Partnerarbeit:
Die Schüler erhalten die Arbeitskarten für die Partnerarbeit, lesen und bearbeiten diese. Sie betrachten, beschreiben und malen das Innere der Hagebutte.

Zusammentragen der Ergebnisse:
Schüler berichten über ihre Beobachtungen und vermuten, was aus dem Samen wird:
> Sch: rot, rundlich, oval, glatt, klein...
> mehrere Samen
> zur Vermehrung

Informationsgewinnung:
Die Schüler erhalten den Sachtext und erlesen sich selbst die Zusammenhänge. Leistungsstarke Schüler lesen in Pflanzenbüchern weitere Informationen nach.

Vorstellen der gewonnenen Informationen:
Lehrer/in hängt sukzessive die Bilder an die Tafel (Anordnung kreisförmig). Die Schüler erklären den Zusammenhang zwischen Blüte, Frucht, Samen, Vermehrung bzw. erneutes Blühen der Hecke im Frühjahr.

Sicherung:
Schüler erhalten Arbeitsblatt und die dazugehörigen Bilder, die sie auf dem Arbeitsblatt zum entsprechenden Text kleben.

Name:

Wir betrachten die Heckenrose genau

1. Betrachte die Blüte der Heckenrose genau.
Beschreibe ihre Farbe.

Beschreibe ihre Form.

Beschreibe ihre Größe.

2. Rieche an einer Blüte. Wie riecht sie?

3. Zeichne eine Blüte der Heckenrose genau ab.

Beobachtungsbogen für den UG Hagebutte

Name:

Wir betrachten die Hagebutte genau

1. Betrachte mit deinem Partner die Hagebutte genau.
   Beschreibe die Frucht.

2. Schneide die Hagebutte mit dem Messer durch.
   Schaue dir das Innere genau an und zeichne es ab.

3. Was findest du im Inneren der Hagebutte?

4. Überlege, wozu er nötig ist.

Sachtext

Die Entwicklung von der Blüte (Heckenrose) zur Frucht (Hagebutte)

Lies den Text. Erzähle deinem Partner, wie aus der Heckenrose eine neue Hecke entstehen kann.
Überlege, welches Bild zu welchem Abschnitt passt. Schreibe in das Kästchen die entsprechende Zahl.

Im Frühjahr (ab Mai) blühen die Heckenrosen. Die Bienen besuchen die Blüten. Sie fliegen von Blüte zu Blüte und befruchten sie mit Blütenstaub. ☐ 1

Im Herbst fallen die Blütenblätter ab. Bald sehen wir rote Früchte, die Hagebutten. ☐ 2

In der Frucht sind viele Samen. ☐ 3

Vögel kommen und fressen im Herbst die Frucht (Hagebutte). Der Samen wandert durch den Verdauungstrakt des Vogels und wird dadurch weich und keimfähig. Der Kot des Vogels (mit dem Samen) fällt zu Boden. Eine neue Heckenrose kann daraus wachsen. ☐ 4

Eine Vermehrung der Heckenrose hat stattgefunden - eine neue Hecke entsteht. ☐ 5

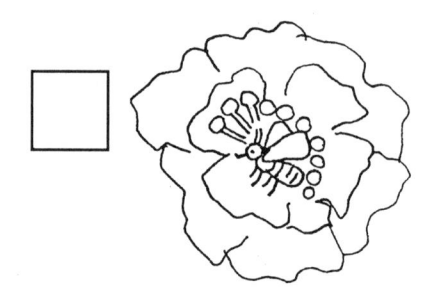

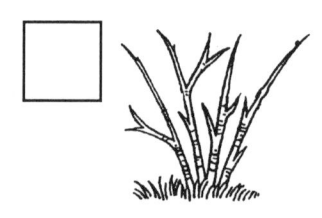

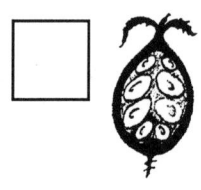

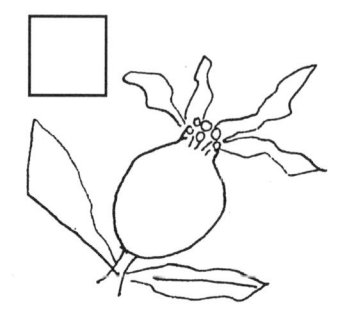

Arbeitsblatt

Name:

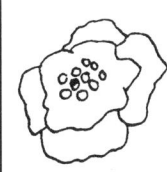

Die Entwicklung von der Blüte (Heckenrose) zur Frucht (Hagebutte)

Im Frühjahr (ab Mai) blühen die Heckenrosen. Die Bienen besuchen die Blüten. Sie fliegen von Blüte zu Blüte und befruchten sie mit Blütenstaub.	
Im Herbst fallen die Blütenblätter ab. Bald sehen wir rote Früchte, die Hagebutten.	
In der Frucht sind viele Samen.	
Vögel kommen und fressen im Herbst die Frucht (Hagebutte). Der Samen wandert durch den Verdauungstrakt des Vogels und wird dadurch weich und keimfähig. Der Kot des Vogels (mit dem Samen) fällt zu Boden. Eine neue Heckenrose kann daraus wachsen.	
Eine Vermehrung der Heckenrose hat stattgefunden - eine neue Hecke entsteht.	

Bilder für Arbeitsblatt (2 Schüler) 88

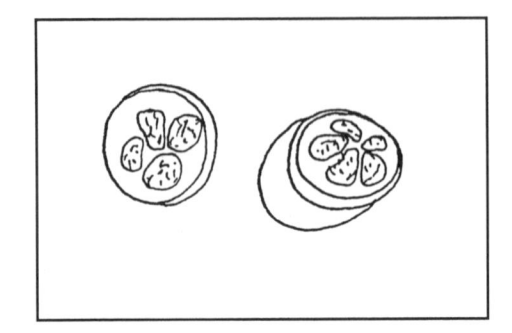

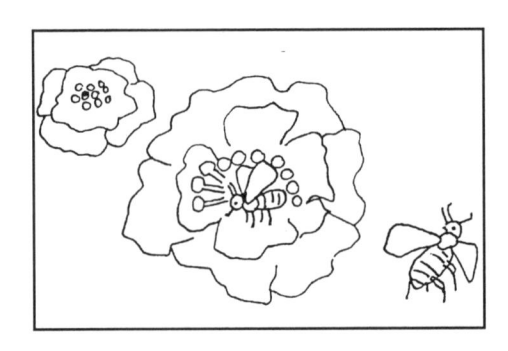

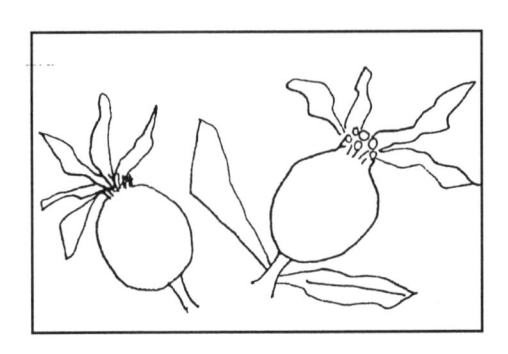

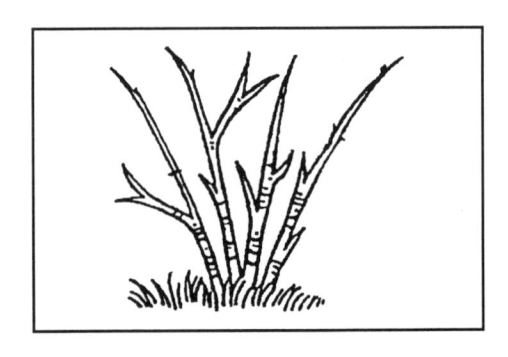

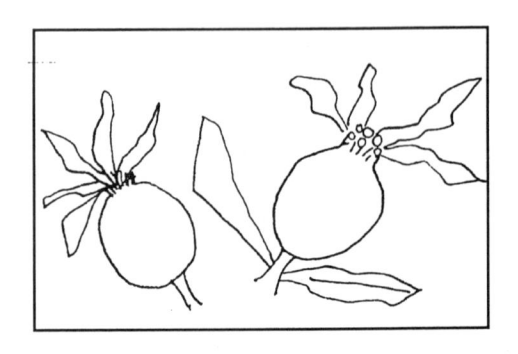

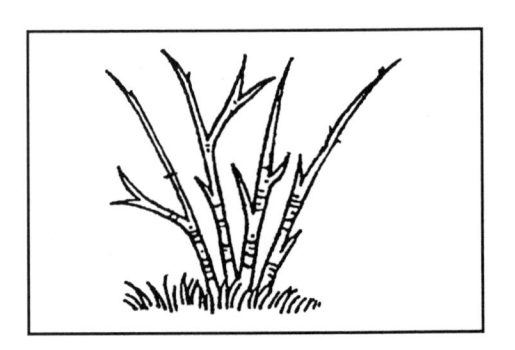

IV. Die Hecke im Sommer:

1. UZE: Unterrichtsgang: Wir schauen uns die Hecke im Sommer genau an
2. UZE: Die Blumen der Hecke
3. UZE: Verhalten in der Natur

1. UZE:
Unterrichtsgang: Wir schauen uns die Hecke im Sommer genau an

Vorbereitung:
* Beobachtungsbogen in Anzahl der Schüler kopieren
* evtl. Klarsichthüllen für die Beobachtungsbögen in Schüleranzahl bereitlegen
* Pflanzenbücher mitbringen lassen bzw. bereitstellen

Unterrichtsgang:
Zum Unterrichtsgang nehmen die Schüler ihr Federmäppchen und die Pflanzenbücher mit. Sie bearbeiten ihren Beobachtungsbogen und schlagen in den mitgebrachten Büchern die Blumen der Hecke nach.

Unterrichtsgespräch:
Im Anschluss an den Unterrichtsgang findet ein Unterrichtsgespräch im Klassenzimmer statt. Die Schüler stellen ihre Beobachtungen vor, erzählen/vermuten, welche Blumen sie gesehen/gezeichnet/nachgeschlagen haben.

2. UZE:
Die Blumen der Hecke

Vorbereitung:
* Fragebogen in Anzahl der Schüler kopieren
* Steckbrief in Anzahl der Schüler kopieren
* Sachtext in Anzahl der Schüler kopieren
* Arbeitsblätter in Schüleranzahl kopieren
* Infoblatt „Formen der Blätter" in Anzahl der Gruppen kopieren
* Tücher in Gruppenanzahl mitbringen
* die Blumen „Buschwindröschen", „Veilchen" und „Schlüsselblume" im Original bereitlegen
* Lehrer/in legt ein Blumenexemplar und einen Steckbrief auf die Gruppentische und verdeckt sie mit einem Tuch.

Gruppenarbeit:
Die Schüler entfernen ihr Tuch, finden ihre Blume (Buschwindröschen, Veilchen oder Schlüsselblume), das Infoblatt „Formen der Blätter" und den Fragebogen, den sie gemeinsam bearbeiten. Anschließend erhalten sie den entsprechenden Sachtext, überarbeiten ihren Fragebogen und erstellen einen Steckbrief (Kopiervorlage).

Vorstellen der Gruppenergebnisse:
Schüler stellen den Steckbrief zu ihrer Blume vor. Die Gruppen lesen ihren Sachtext vor. Die anderen Schüler betrachten dabei die entsprechende Blume.

Sicherung:
Die Schüler erhalten das Arbeitsblatt, verbinden die Blumen mit dem entsprechenden Namen und lösen die Rätsel.

Vertiefung:
Die Schüler lesen die Sachtexte über die Blumen der Hecke. In Pflanzenbüchern verschaffen sie sich weitere Informationen über Blumen der Hecke.

Hausaufgabe:
In den folgenden Stunden oder als Hausaufgabe erstellen die Schüler weitere Steckbriefe von Heckenblumen, z. B. für Leberblümchen, Lerchensporn, Schöllkraut.

Weiterführung:
Erstellen von Steckbriefen für die Kräuter der Hecke

Musik:
Blumen der Hecke

3. UZE:
Verhalten in der Natur

Im Unterrichtsgespräch reflektieren die Schüler, wie man sich in der Natur den Tieren und den Pflanzen gegenüber verhält.
Anschließend erhalten die Schüler das Arbeitsblatt „Wie verhalte ich mich in der Natur?" und streichen die richtigen Verhaltensregeln an. Im Unterrichtsgespräch werden die Verhaltensregeln besprochen und begründet.

Sicherung:
Als Sicherung schreiben die Schüler die richtigen Verhaltensregeln auf das Arbeitsblatt „So verhalte ich mich in der Natur".

Steckbrief: Blumen der Hecke

Name:

Aussehen:

Blüte:
(Farbe, Form, Größe)

Blätter:
(Form, Größe)

Standort:

Zeichne!

Steckbrief: Kräuter der Hecke

Name:

Aussehen:

Blüte:
(Farbe, Form, Größe)

Blätter:
(Form, Größe)

Standort:

Zeichne!

Name:

Wir betrachten die Hecke im Sommer

1. Betrachte die Hecke genau.
   Was hat sich seit unserem letzten Besuch im Frühjahr verändert?

2. Was siehst du an den Zweigen der Hecke?
   Kreuze richtig an und schreibe auf.

   - ○ Früchte
   - ○ Blüten
   - ○ Blätter
   - ○ Knospen
   - ○ Blumen
   - ○ nichts
   - ○ _____

3. Male Blumen der Hecke genau ab.

Fragebogen: Die Blumen der Hecke

Name:

Wir schauen uns die Blumen der Hecke genau an

1. Blüte:
   Welche Farbe hat die Blüte?

   Wie viele Blütenblätter hat die Blüte?

2. Blätter:
   - Wie sieht die Form der Blätter aus? Kreuze an.

     ○ wie eine Hand   ○ wie ein Herz
     ○ länglich   ○ rund
     ○ eiförmig   ○ dreieckig
     ○ zugespitzt

   - Wie sieht der Rand der Blätter aus? Kreuze an.

     ○ gezackt   ○ gekerbt
     ○ ganzrandig   ○ einfach gesägt
     ○ doppelt gesägt   ○ gebuchtet
     ○ gelappt

3. Wie heißt die Blume? Lies in den Pflanzenbestimmungsbüchern nach. Gib eine kurze Beschreibung.

Blumen der Hecke

Buschwindröschen

Das Buschwindröschen blüht im Frühjahr (ab April/Mai) und ist bei uns in Europa sehr weit verbreitet. Es hat *15 - 25* cm hohe Blütenstängel und weiße, sechsblättrige Blüten, die sich bei Sonnenschein sternförmig ausbreiten. Sie ähneln in der Form auch einer Hand. In der Nacht und bei Regen schließen sie sich wieder.

Vorsicht: Das Buschwindröschen ist giftig!

Veilchen (auch Märzveilchen oder Wohlriechendes Veilchen)

Das Veilchen hat dunkelviolette, stark duftende Blüten. Die Blütenstiele haben keine Blätter, sondern kommen aus der Blattrosette. Die Blätter sind eiförmig und am Grunde herzförmig ausgeschnitten. Der Rand der Blätter ist gekerbt. Veilchen werden bis zu *10* cm groß und wachsen in Europa häufig an Hecken oder sonnigen Waldrändern.

Die Blüten des Veilchens wirken auch als Heilpflanze gegen Entzündungen, Schleim lösend bei Husten und beruhigend bei Aufregungen.

Schlüsselblume

Die Schlüsselblume ist *15 - 30* cm groß und wächst bei uns in Europa auf saftigen Wiesen, in Büschen und Hecken. Ihre Blüte hat fünf gelbe Blütenblätter, die glockenförmige Kelche haben. Ihre Blütezeit ist März bis Juni. Der Stängel der Schlüsselblume ist sehr lang. Die Blätter sind runzelig und schmiegen sich dicht an die Erde.

Die Schlüsselblume ist auch eine Heilpflanze. Aus der Wurzel kann ein Tee zubereitet werden, der bei Husten Schleim lösend wirkt.

Name:

Wir kennen verschiedene Blumen der Hecke

1. Verbinde die Bilder mit den richtigen Namen.
   Male anschließend die Blumen mit den passenden Farben an.

| Buschwindröschen | Veilchen | Schlüsselblume |

2. Löse die Blumenrätsel. Lies und schreibe den Namen der Blume auf.

- Ich habe sechs weiße Blütenblätter. Meine Blätter sehen aus wie Hände. Ich heiße:

- Ich habe längliche Blätter und meine Blüte hat fünf gelbe Blütenblätter. Mein Stängel ist sehr lang. Ich heiße:

- Meine Blüte hat fünf lila Blütenblätter. Die Blätter sehen aus wie kleine Herzen. Ich heiße:

Blätter haben viele Formen

Folgende Merkmale helfen dir, Blätter zu unterscheiden und die Bäume zu benennen.

1. Es gibt einfache Blätter und gefiederte Blätter:

2. Der Blattrand ist verschieden gestaltet:

| ganzrandig | einfach gesägt | doppelt gesägt | gebuchtet | gekerbt |

3. Es gibt verschiedene Blattformen:

rund    eiförmig 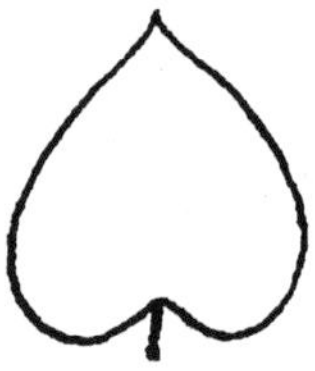   herzförmig

dreieckig    zugespitzt    handförmig

Name:

Wie verhalte ich mich in der Natur?

Kreuze das richtige Verhalten an.

- ○ Ich darf Blumen und Pflanzen abreißen.
- ○ Ich zertrete keine Pflanzen.
- ○ Ich reiße keine Blumen und Pflanzen ab.
- ○ Meine Abfälle darf ich in der Natur wegwerfen.
- ○ In der Natur darf ich Lärm machen.
- ○ Ich achte auf geschützte Pflanzen.
- ○ In der Natur darf ich überall gehen.
- ○ Feuer gefährdet Wald, Hecken, Wiesen und Tiere.
- ○ Ich lasse keine Abfälle liegen.
- ○ Ich störe die Tiere nicht mit Lärm.
- ○ Ich nehme seltene Pflanzen mit nach Hause.
- ○ Im Freien darf ich Feuer machen.

Name:

So verhalte ich mich in der Natur:
Schreibe die richtigen Regeln auf.

Wie sieht der Igel aus?

Vorbereitung:

* Gedicht: „Wer bin ich" in Anzahl der Schüler kopieren
* „Igel" für das Tafelbild kopieren
* Igelmodell bereitstellen
* Sachtext in Anzahl der Schüler kopieren und bei der gestrichelten Linie umknicken
* Bild Elefant mit Rüssel und grabenden Igel für jede Gruppe kopieren
* Arbeitsblatt in Anzahl der Schüler kopieren
* Plakat mitbringen

Einstieg:

Lehrervortrag:
Lehrer/in liest das Gedicht „Wer bin ich?" vor
        Sch: äußern sich
            - das ist ein Igel
Lehrer/in heftet Tafelbild „Igel" an die Tafel.

L: Bestimmt weißt du schon Vieles über den Igel.
        Sch: äußern sich
            - der Igel hat Stacheln...
L: Schließe jetzt deine Augen und stelle dir genau vor, wie der Igel aussieht. Versuche ihn genau zu beschreiben.
        Sch: schließen die Augen
            öffnen die Augen
            beschreiben den Igel
            - der Igel hat Stacheln
L: Wir können den Igel noch genauer beschreiben.

Erarbeitung:

Sitzkreis
Tafelanschrift: So sieht der Igel aus.

Hypothesenbildung:

Lehrer/in zeigt Igelmodell.

    Sch: betrachten den Igel genau

        beschreiben den Igel mit eigenen Worten

Lehrer/in notiert Schüleräußerungen an die Seitentafel.

Informationsgewinnung:

L: Du kannst nun selbst nachlesen, welche Körperteile der Igel hat und wie sie heißen.

    Sch: lesen den ersten Teil des Sachtextes

        stellen die Informationen vor

Lehrer/in notiert an der Tafel mit.

    Der Igel hat
- kleine Ohren
- kleine schwarze Augen
- ein kurzes Schwänzchen
- eine Stachelhaut auf dem Rücken

L: Über zwei Körperteile des Igels haben wir noch nicht gesprochen.

    Sch: Schnauze

        Füße

Hypothesenbildung:

L: Was macht der Igel mit seinen Füßen?

Wozu braucht der Igel seine Schnauze?

    Sch: vermuten

Informationsgewinnung:

Lehrer/in verteilt Bilder „Elefant" und „grabender Igel" an jede Gruppe.

L: Vergleiche den Rüssel des Elefanten mit der Schnauze unseres Igels (Modell).

    Sch: arbeiten in arbeitsteiliger Gruppenarbeit

        vermuten ähnliche Form und ähnliche Funktion des Rüssels

L: Ob deine Vermutungen stimmen, darfst du jetzt selbst im zweiten Teil deines Sachtextes nachlesen.

Sch: lesen den zweiten Teil des Sachtextes
tragen ihre Ergebnisse vor

Lehrer/in notiert an Tafel:
- eine rüsselförmige Schnauze mit Tasthaaren
- Grabfüße mit scharfen Krallen

Sicherung:
Lehrer/in verteilt Arbeitsblätter

Sch: übertragen Tafelbild auf das Arbeitsblatt
(Tafelbild = Arbeitsblatt)

Weiterführung:
L: Bestimmt willst du noch mehr über den Igel wissen. Überlege mit deinem Partner, was wir über den Igel wissen möchten. Schreibe es auf deinen Block!

Sch: überlegen in Gruppenarbeit
notieren ihre Fragen auf den Block

Zusammentragen der Ergebnisse:
Lehrer/in notiert die von den Schülern vorgetragenen Fragen auf ein Plakat, die im Laufe der Sequenz beantwortet werden.

Hausaufgabe:
L: Manche Fragen kannst du beantworten, wenn du das Gedicht „Wer bin ich?" liest.

Sch: erhalten das Gedicht als Hausaufgabe

Fächer übergreifender Unterricht

Kunst:
Igel im Laubhaufen

Deutsch:
Eine Igelgeschichte

Wer bin ich?

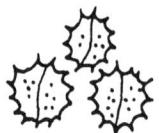

Nachts, wenn alle Kinder träumen,
geh' ich leise auf die Jagd
zwischen Hecken, Büschen, Blumen
muss ich eilen bis es tagt!

Und so scharre ich und ziehe
aus dem Boden manches Tier:
Würmer, Schnecken und - mit Mühe -
auch 'ne Schlange, glaub' es mir!

Kommt ein starker Feind gelaufen,
wie Herrn Niedermeiers Hund,
kläfft mich an, will mit mir raufen,
mache ich mich kugelrund.

Hundchen, schnüffle nicht an mir 'rum!
Du ich warne dich! Jetzt drück dich!
Doch der Hund, ach Gott, ist der dumm,
schnüffelt schon an mir - und sticht sich!

Finde ich mal keine Schnecken,
gebt mir Wasser zum Lecken.
Meinen Namen zu entdecken
ist nicht schwer. Wer mag ich sein?

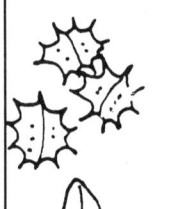

Lies und unterstreiche.
① Was frisst der Igel? Unterstreiche rot.
② Wann geht der Igel auf die Jagd? Unterstreiche blau.

Für schnelle Leser:
③ Wer ist der Feind des Igels? Was tut der Igel, wenn er in Gefahr ist? Unterstreiche grün.

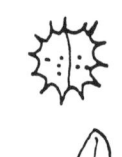

Tafelbild: Igel

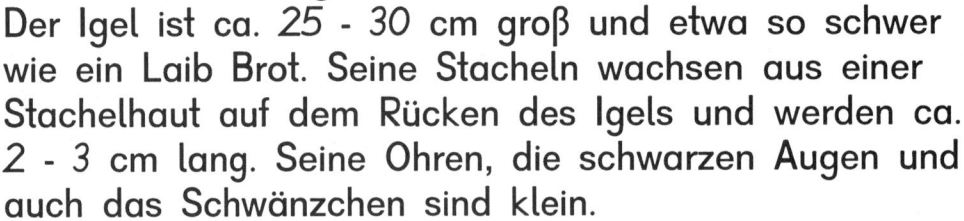

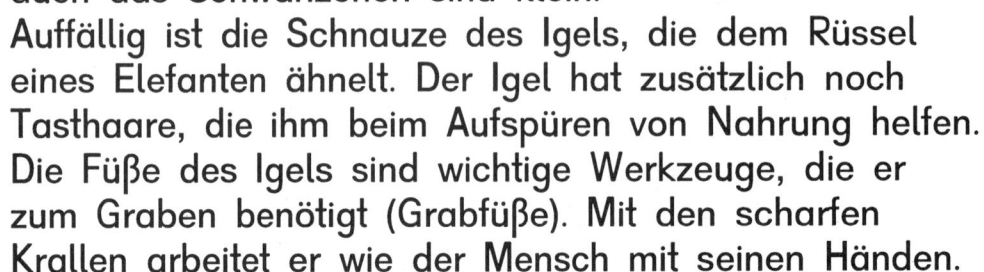

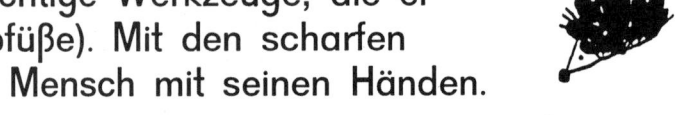

So sieht der Igel aus

Der Igel ist ca. 25 - 30 cm groß und etwa so schwer wie ein Laib Brot. Seine Stacheln wachsen aus einer Stachelhaut auf dem Rücken des Igels und werden ca. 2 - 3 cm lang. Seine Ohren, die schwarzen Augen und auch das Schwänzchen sind klein.

Auffällig ist die Schnauze des Igels, die dem Rüssel eines Elefanten ähnelt. Der Igel hat zusätzlich noch Tasthaare, die ihm beim Aufspüren von Nahrung helfen. Die Füße des Igels sind wichtige Werkzeuge, die er zum Graben benötigt (Grabfüße). Mit den scharfen Krallen arbeitet er wie der Mensch mit seinen Händen.

So sieht der Igel aus

Der Igel ist ca. 25 - 30 cm groß und etwa so schwer wie ein Laib Brot. Seine Stacheln wachsen aus einer Stachelhaut auf dem Rücken des Igels und werden ca. 2 - 3 cm lang. Seine Ohren, die schwarzen Augen und auch das Schwänzchen sind klein.

Auffällig ist die Schnauze des Igels, die dem Rüssel eines Elefanten ähnelt. Der Igel hat zusätzlich noch Tasthaare, die ihm beim Aufspüren von Nahrung helfen. Die Füße des Igels sind wichtige Werkzeuge, die er zum Graben benötigt (Grabfüße). Mit den scharfen Krallen arbeitet er wie der Mensch mit seinen Händen.

Bilder: Elefant/grabender Igel

Name:

So sieht der Igel aus

Name:

Eine Igelgeschichte

Es war einmal ein kleiner Igel. Er lebte im Wald und war sehr glücklich und zufrieden. Er fand gute Nahrung und trank kleine Wassertröpfchen von den Grashalmen.

Doch eines Tages fiel ihm auf, dass es immer kälter und kälter wurde. Jeden Morgen, wenn er aufwachte, fror es ihn noch ein bisschen mehr und es wurde richtig ungemütlich.

Er wohnte bei einem großen Blätterbaum und wunderte sich, dass jeden Tag immer mehr Blätter herabfielen. Er mochte die alten, braunen Blätter nicht - und doch wurden es immer mehr und sie deckten ihn zu. Aber er wollte es nicht dunkel haben und krabbelte immer wieder heraus.

So ging das Spiel einige Tage: Die Blätter fielen auf den Igel, wenn er schlief - und wenn er wieder aufwachte, krabbelte er schnell wieder heraus, weil er es nicht so dunkel haben wollte. Doch dann wurde er immer müder und müder und es wurde immer kälter und kälter.

Und eines Tages kam der Schnee. Die Schneeflocken deckten den Waldboden und die Blätter zu. Da wurde es dem Igel so kalt, dass er ganz tief in den Blätterhaufen kroch und merkte, wie warm und gemütlich es unter den Blättern war. Wie schön war doch sein Blätterhaufen - auch wenn es dunkel war, das machte gar nichts.

Da schloss der kleine Igel die Augen und machte einen langen, langen Winterschlaf. Und er hatte einen wunderschönen Traum - bis zum Frühling.

KUNST Name:

Wo steckt Stachel?

Der kleine Igel ist hocherfreut, wenn das Laub von den Bäumen fällt. Igel lieben Laubhaufen - sie verstecken sich darunter, suchen nach Käfern oder schlafen einfach nur darin.

- Gepresste Blätter
- Tonkarton in Gelb und Beige
- Wellpappe in Braun
- Filzstift in Schwarz
- Schere
- Klebstoff

Laubhaufen
Klebe die gepressten Blätter so auf das gelbe Papier, dass ein Laubhaufen entsteht.

Igel
Schneide die Igelform (Tonkarton) und die Stacheln (Wellpappe) aus, und füge sie zusammen. Dann bekommt das Igelchen sein Auge und das Schnäuzchen.
Setze das kleine Igelkind mitten in den Laubhaufen. Dort fühlt es sich am wohlsten.

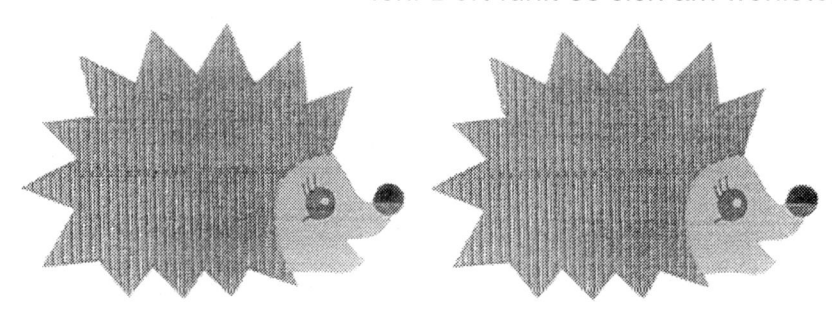

Was frisst der Igel?

Vorbereitung:
* Igelbild aus der Vorstunde bereitlegen
* Sprechblase „Hunger" kopieren
* Wortkarte „Wir vermuten" herstellen. Auf die Rückseite „Wir überprüfen" schreiben
* Sachtexte in Anzahl der Schüler kopieren

Wiederholung:
Lehrer/in zeigt Bild vom Igel aus der letzten Stunde.
       Sch: äußern
           - Ich sehe einen Igel.
           - Der Igel hat eine rüsselförmige Schnauze.
           - Der Igel hat...

Erarbeitung:
Lehrer/in heftet Sprechblase „Hunger" an die Tafel (TA 1).
       Sch: äußern sich
           - Der Igel hat Hunger.
           - Der Igel will etwas fressen.
Lehrer/in schreibt Problemfrage an die Tafel.
       Was frisst der Igel? (TA 2)
Lehrer/in hängt Wortkarte an die Tafel:
       Wir vermuten: (TA 3)
L: Erinnere dich an das Gedicht.
       Sch: vermuten
           - Schnecken
           - Regenwürmer
           - Milch
Lehrer/in ergänzt Tafelbild (TA 4).
L: Das sind die Dinge, die wir vermuten. Was könnten wir denn machen, um jetzt herauszufinden, ob unsere Vermutungen stimmen?
       Sch: äußern sich
           - Wir könnten in einem Buch nachschauen

Überprüfung der Hypothesen:
L: Deshalb habe ich in zwei Büchern nachgelesen und Informationen über den Igel für dich zusammengeschrieben. Du bekommst jetzt einen Text. Dein Banknachbar hat einen anderen Text. Unterstreiche, was der Igel frisst, mit Lineal und einem roten Stift. Schreibe auf deinen Block, was der Igel frisst.

Sch: erhalten ihren Sachtext
lesen ihren Sachtext
unterstreichen die Nahrung des Igels rot
schreiben die Nahrung des Igels auf ihren Block

Differenzierung:

L: Vergleiche die beiden Texte mit deinem Partner. Ergänze auf deinem Block, was der Igel frisst. Unterhalte dich in Flüstersprache.

Sch: sprechen mit dem Partner über die Nahrung des Igel
ergänzen die Nahrung des Igels auf ihrem Block

Zusammentragen der Ergebnisse:

Lehrer/in schreibt an die Tafel (TA 5):

Ich möchte gerne:

Sch: die unterschiedlichen Gruppen zählen auf, was der Igel frisst

Lehrer/in notiert an der Tafel mit (TA 6).

Mäuse, Schlangen, Larven, Schnecken, Heuschrecken, Raupen, junge Vögel, Obst, Eidechsen, Käfer, Regenwürmer, Grillen, Frösche, Vogeleier, Wespen, Bienen, Hummeln, kleine Schlangen, frisches Wasser

L: Ich glaube, dass die eine Gruppe von der anderen etwas lernen konnte. Du siehst, dass es immer besser ist, in mindestens zwei Büchern nachzuschauen, wenn du etwas über eine Sache erfahren möchtest.

Überprüfung der Hypothesen:

L: Wir wollten heute herausfinden, was der Igel frisst. Vergleichen wir unsere Vermutungen mit den gewonnenen Informationen.

Lehrer/in dreht die Wortkarte um (TA7):

Wir überprüfen:

Sch: vergleichen
haken die richtigen Vermutungen an der Tafel ab
wischen falsche Vermutungen weg

Sicherung:

L: Übertrage die Tafelanschrift in dein Heft. Male einen Igel und was er frisst dazu.

Sch: gestalten Hefteintrag

Was frisst der Igel?

Ich möchte gerne:

Mäuse, Schlangen, Larven, Schnecken, Heuschrecken, Raupen, junge Vögel, Obst, Eidechsen, Käfer, Regenwürmer, Grillen, Frösche, Vogeleier, Wespen, Bienen, Hummeln, kleine Schlangen, frisches Wasser

Hunger

2 Sachtexte: Was frisst der Igel?

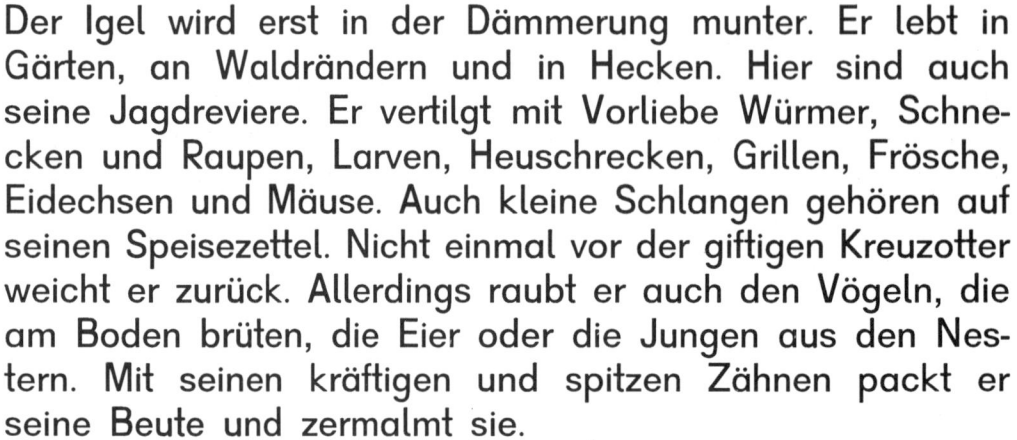

Unterstreiche, was der Igel frisst rot und schreibe es auf deinen Block.

Was in einem Tierlexikon über den Igel zu lesen ist:

Der Igel wird erst in der Dämmerung munter. Er lebt in Gärten, an Waldrändern und in Hecken. Hier sind auch seine Jagdreviere. Er vertilgt mit Vorliebe Würmer, Schnecken und Raupen, Larven, Heuschrecken, Grillen, Frösche, Eidechsen und Mäuse. Auch kleine Schlangen gehören auf seinen Speisezettel. Nicht einmal vor der giftigen Kreuzotter weicht er zurück. Allerdings raubt er auch den Vögeln, die am Boden brüten, die Eier oder die Jungen aus den Nestern. Mit seinen kräftigen und spitzen Zähnen packt er seine Beute und zermalmt sie.

Unterstreiche, was der Igel frisst rot und schreibe es auf deinen Block.

Was in einem Tierlexikon über den Igel zu lesen ist:

Der Igel ist ein Insektenfresser. Er ernährt sich von Heuschrecken, Grillen, Larven und Raupen. Er frisst aber auch Wespen, Hummeln und Bienen gerne. Selbst Frösche, Eidechsen, Würmer, Mäuse und Schlangen stehen auf seinem Speisezettel. Außerdem frisst er Obst und Eier. Igel trinken frisches Wasser.

Was macht der Igel im Winter?

Vorbereitung:
* für die Stunde benötigt Lehrer/in Tafelbild „Igel" und Wortkarte „Hunger"
* zwei schneebedeckte Bäume aus weißem Tonpapier herstellen
* Schneeflocken aus Tonpapier oder Watte herstellen
* schneebedeckten Boden mit Kreide an die Tafel malen
* evtl. auf das Plakat der ersten Stunde mit den Fragen der Schüler verweisen
* differenzierte Sachtexte in Anzahl der Schüler kopieren
* Arbeitsblätter in Anzahl der Schüler und eine Folie davon kopieren

Wiederholung:
Lehrer/in zeigt auf Tafelbild.
    Sch: wiederholen die Nahrung des Igels
Lehrer/in heftet Winterlandschaft zum Igel, malt den schneebedeckten Boden mit Kreide.
    Sch: vermuten, was der Igel im Winter macht

Problemfrage:
Lehrer/in notiert Problemfrage:
    Was macht der Igel im Winter? (TA 1)

Hypothesenbildung:
Lehrer/in schreibt an die Tafel:
    Wir vermuten: (TA 2)
        Sch: äußern sich
            - er friert
            - findet nichts zu essen
            - er hat Hunger...

Erarbeitung:
L: Du weißt, wie wir herausfinden können, ob unsere Vermutungen richtig sind.
        Sch: antworten
            - wir können in einem Lexikon, Tierbuch, Sachbuch oder HSU-Buch nachlesen
Lehrer/in zeigt evtl. auf vorhandene Nachschlagewerke.
L: Ich habe für dich nachgelesen, was in anderen Büchern noch steht. Jede Gruppe liest einen kleinen Sachtext nach.
Lehrer/in verteilt die differenzierten Sachtexte an die Gruppen 1 bis 4.

Gruppenarbeit:
Die Schüler arbeiten differenziert in den Gruppen.

Zusammentragen der Ergebnisse:
Gruppe 1:
Lehrer/in verteilt die Arbeitsblätter, nimmt die Folie des Arbeitsblattes und notiert darauf:
> Im Winter findet der Igel keine Nahrung. Deshalb hält er für einige Monate einen Winterschlaf. (TA 3)
>> Sch: übertragen die Folienanschrift auf das Arbeitsblatt

Gruppe 2:
Lehrer/in notiert auf der Folie:
> Er sucht sich im Herbst einen warmen, dunklen und ruhigen Schlafplatz in einem Laubhaufen, Holzstoß oder in einer Hecke. Dort gräbt er eine Erdmulde und baut sich ein Nest aus Heu, Laub und Moos.
>> Sch: übertragen die Folienanschrift auf das Arbeitsblatt

Gruppe 3:
Lehrer/in notiert auf der Folie:
> Im Herbst frisst sich der Igel ein dickes Fettpolster an. Während des Winterschlafes schlägt sein Herz ganz langsam und die Körpertemperatur sinkt.
>> Sch: übertragen die Folienanschrift auf das Arbeitsblatt

Durchführung eines Versuches:
Messen des Ruhepulses

L: Hierzu machen wir einen kleinen Versuch mit dir selbst. Lege deine rechte Hand auf die Halsschlagader und zähle den Puls in der Zeit, die ich dir vorgebe.

Lehrer/in und Schüler führen den Versuch in 30 Sekunden durch, zählen und verdoppeln den Wert und notieren auf dem Block.

Durchführung einer Bewegungsgeschichte „Ein Igel geht spazieren"
Lehrer/in erzählt die Geschichte. Die Schüler stehen hinter ihrem Stuhl und machen entsprechende Bewegungen dazu. Es darf dabei nicht gesprochen und der Platz hinter dem Stuhl nicht verlassen werden.

L: Ein kleiner Igel macht sich auf zu einem Spaziergang. Den wollen wir heute begleiten. Mach einfach hinter deinem Stuhl mit: Der kleine Igel läuft durch den Wald.
>> Sch: laufen

L: Es ist ein richtiger Herbsttag. Der Wind bläst kräftig durch die Bäume. Die Äste bewegen sich im Wind.

Sch: heben Arme und bewegen sich wie Bäume im Wind

L: Vom vielen Wind verlieren die Bäume ihre Blätter. Sie fallen herab.

Sch: bewegen ihre Arme auf und ab

L: Jetzt fängt es auch noch an zu regnen. Zunächst tröpfelt es. Doch der Regen wird immer stärker. Überall knistern die Regentropfen.

Sch: imitieren mit ihren Fingern Regentropfen auf der Bank: erst langsam und schließlich immer schneller und lauter werdend

L: Da kommen viele Pfützen. Mit Begeisterung hüpft der kleine Igel darüber.

Sch: hüpfen

L: Mmmhh, wie gut das Laub riecht. Der kleine Igel kriecht hindurch.

Sch: kriechen durch Bank hindurch

L: Da! War da nicht etwas? Der kleine Igel macht sich ganz groß, um besser sehen zu können.

Sch: stellen sich auf ihrem Tisch auf Zehenspitzen und halten Ausschau

L: War das nicht ein Fuchs, der aus dem Gebüsch springt? Der kleine Igel rennt ganz schnell davon.

Sch: rennen hinter ihren Stuhl

L: Für heute hat der kleine Igel genügend frische Luft geschnappt. Zu Hause angekommen, erholt er sich erst einmal von seinem Schrecken.

Sch: sitzen leise auf ihrem Platz

Erneutes Messen des Pulses

L: Wenn du die Werte betrachtest, fällt dir bestimmt etwas auf.

Sch: Wenn ich mich viel bewege, geht mein Herz schneller und ich muss schneller atmen

L: Wenn du dich viel bewegt hast, hast du auch mehr Hunger.

Lehrer/in zeigt auf den Igel.

Sch: Der Igel hat im Winter, wenn er schläft, auch weniger Hunger

Gruppe 4:

Lehrer/in notiert auf der Folie:

Wenn es im Frühling wärmer wird, wacht der Igel wieder auf.

Sch: übertragen die Folienanschrift auf das Arbeitsblatt

Musik:

Kleine Igel schlafen gern

Gruppe 1: Winterschlaf

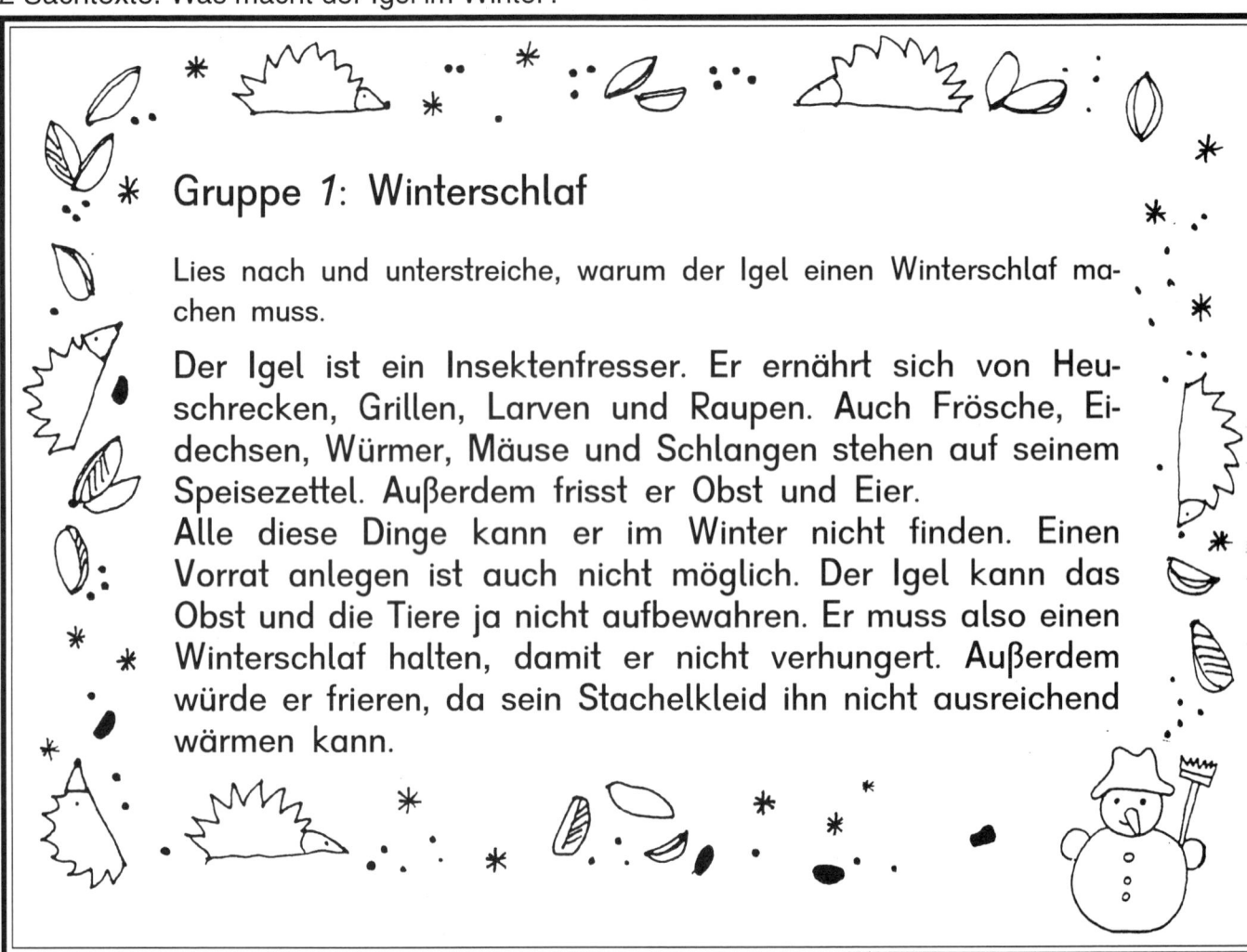

Lies nach und unterstreiche, warum der Igel einen Winterschlaf machen muss.

Der Igel ist ein Insektenfresser. Er ernährt sich von Heuschrecken, Grillen, Larven und Raupen. Auch Frösche, Eidechsen, Würmer, Mäuse und Schlangen stehen auf seinem Speisezettel. Außerdem frisst er Obst und Eier.
Alle diese Dinge kann er im Winter nicht finden. Einen Vorrat anlegen ist auch nicht möglich. Der Igel kann das Obst und die Tiere ja nicht aufbewahren. Er muss also einen Winterschlaf halten, damit er nicht verhungert. Außerdem würde er frieren, da sein Stachelkleid ihn nicht ausreichend wärmen kann.

Gruppe 2: Wo schläft der Igel im Winter?

Lies nach und unterstreiche, wo der Igel seinen Winterschlaf hält.

Der Igel ist ein Winterschläfer. Er beginnt seinen Winterschlaf im Oktober oder November. Dazu benötigt er einen warmen, dunklen, ruhigen Schlafplatz. In einem Laubhaufen, in einer Hecke oder in einem Holzstoß kann er einen solchen Platz finden.
Der Igel wälzt sich mit seinen Stacheln auf dem Boden. So trägt er Heu, Laub und Moos zusammen und baut z. B. auch in einer Erdmulde sein gut ausgepolstertes Nest.

Gruppe 3: Wie überlebt der Igel den Winter?

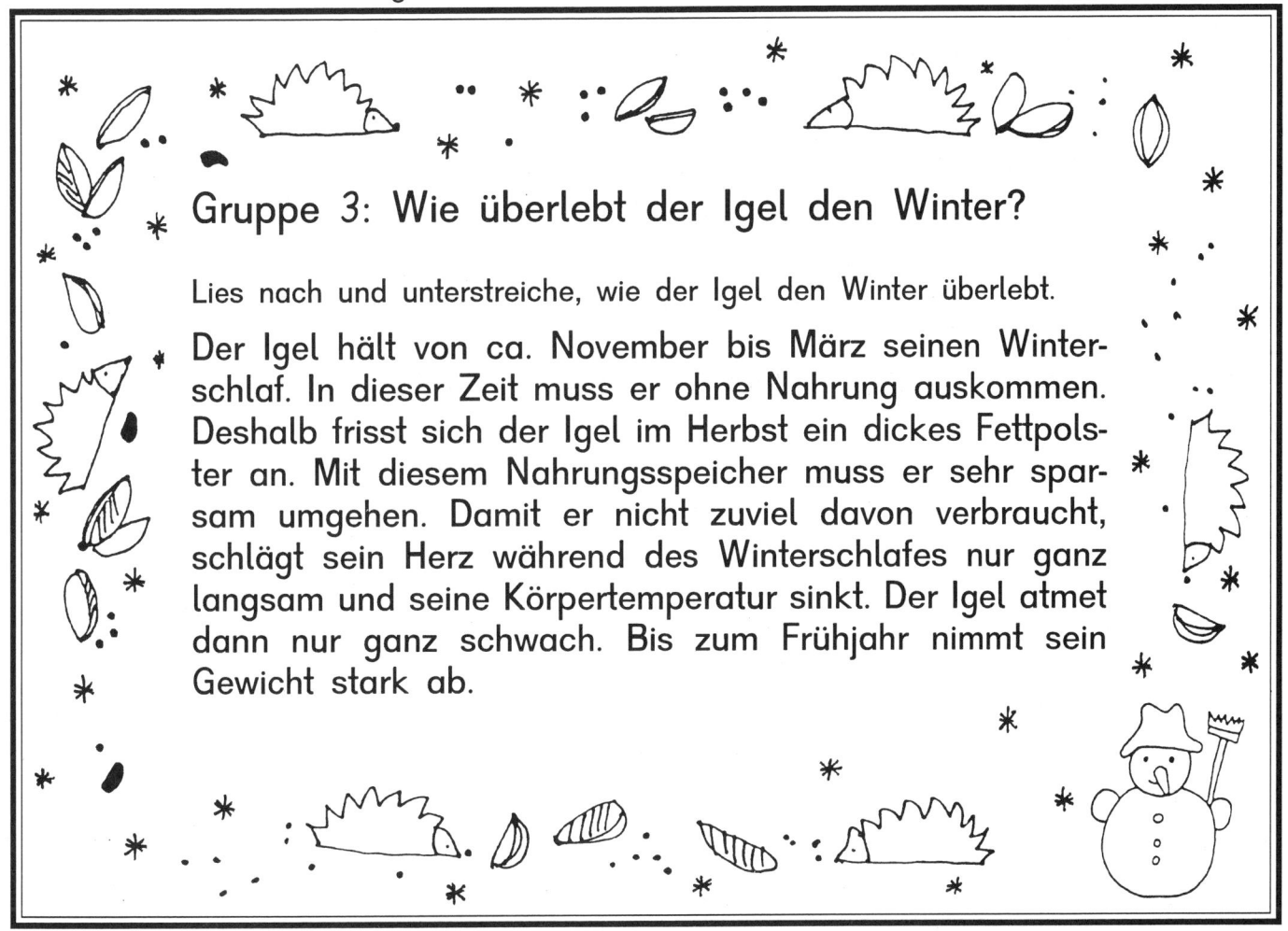

Lies nach und unterstreiche, wie der Igel den Winter überlebt.

Der Igel hält von ca. November bis März seinen Winterschlaf. In dieser Zeit muss er ohne Nahrung auskommen. Deshalb frisst sich der Igel im Herbst ein dickes Fettpolster an. Mit diesem Nahrungsspeicher muss er sehr sparsam umgehen. Damit er nicht zuviel davon verbraucht, schlägt sein Herz während des Winterschlafes nur ganz langsam und seine Körpertemperatur sinkt. Der Igel atmet dann nur ganz schwach. Bis zum Frühjahr nimmt sein Gewicht stark ab.

Gruppe 4: Wann beendet der Igel seinen Winterschlaf?

Lies nach und unterstreiche, wann der Igel seinen Winterschlaf beendet.

Der Igel hält von ca. November bis März seinen Winterschlaf. Wenn es draußen wärmer wird, wacht der Igel wieder auf. Seine „Nahrungsvorräte" (Fettpolster) sind aufgebraucht. Jetzt aber findet er in der Natur wieder Nahrung und er muss auch nicht mehr erfrieren.

Name:

Was macht der Igel im Winter?

1. Warum macht der Igel einen Winterschlaf?

2. Wo hält der Igel seinen Winterschlaf?

Name:

3. Wie überlebt der Igel den Winter?

4. Wann beendet der Igel seinen Winterschlaf?

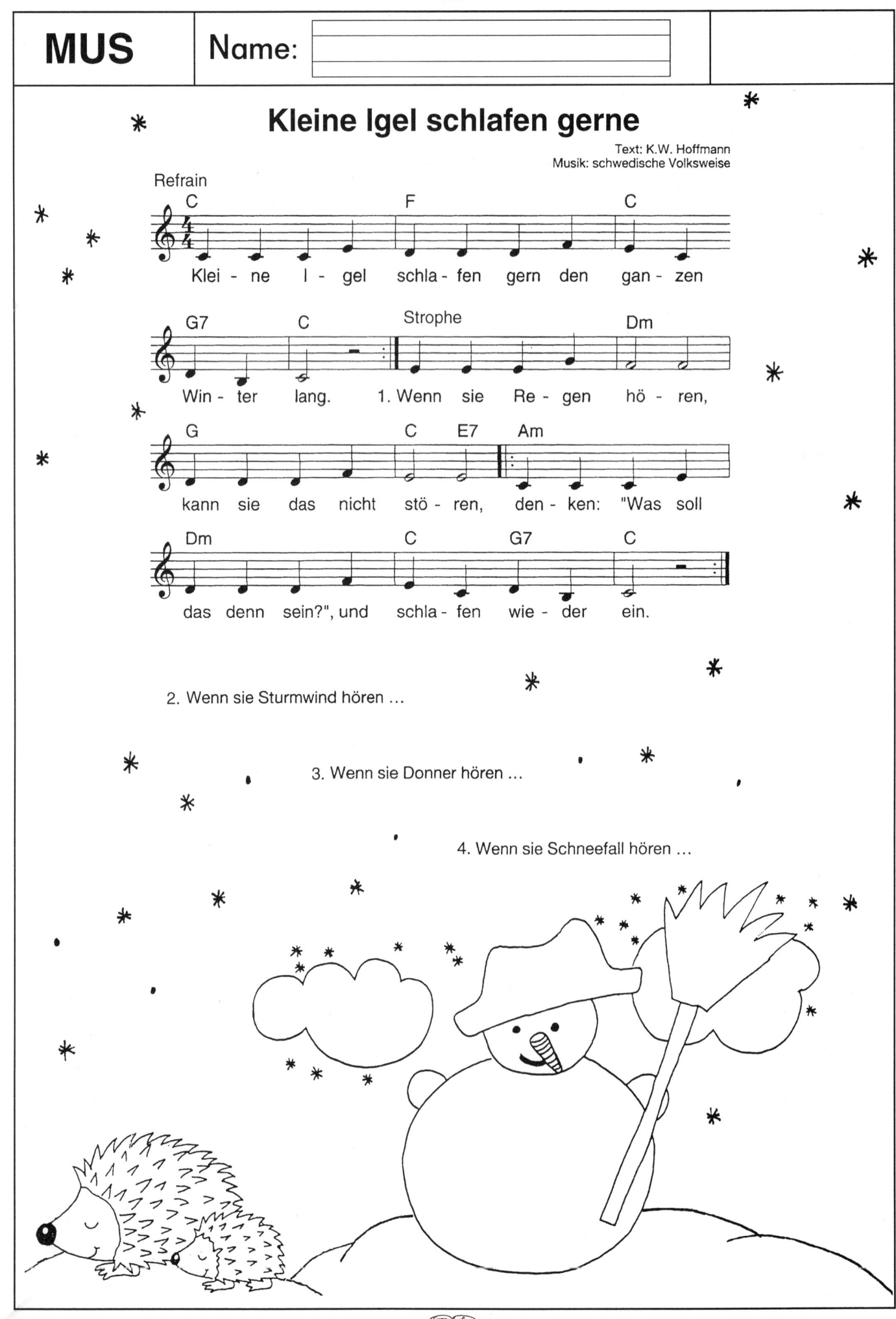

Kleine Igel schlafen gerne

Text: K.W. Hoffmann
Musik: schwedische Volksweise

Refrain

Klei - ne I - gel schla - fen gern den gan - zen Win - ter lang.

Strophe

1. Wenn sie Re - gen hö - ren, kann sie das nicht stö - ren, den - ken: "Was soll das denn sein?", und schla - fen wie - der ein.

2. Wenn sie Sturmwind hören …

3. Wenn sie Donner hören …

4. Wenn sie Schneefall hören …

Wer sind die Feinde des Igels?

Vorbereitung:
* Wortkarte: „Wir vermuten" aus Vorstunde bereitlegen
* Sachtexte der Gruppenarbeit in Anzahl für die entsprechende Gruppe kopieren
* Sachtext 5 für alle Schüler kopieren und für schnelle Leser bereitlegen
* Arbeitsblatt in Anzahl der Schüler und Folie dazu kopieren
* Tafelbild „eingerollter Igel" kopieren

Einstieg:
Lehrer/in heftet Bild vom eingerollten Igel an die Tafel (TA 1).

        Sch: äußern sich
L: Denk an unser Gedicht („Wer bin ich?").
        Sch: wiederholen
Lehrer/in heftet [?] an die Tafel (TA 2).
        Sch: formulieren die Problemfrage
Lehrer/in notiert Problemfrage an der Tafel mit (TA 3):
    Wer sind die Feinde des Igels?
        Sch: vermuten
          - Katze
          - Hund
          - Auto
Lehrer/in heftet Wortkarte „Wir vermuten" an die Tafel (TA 4).

Gruppenarbeit:
L: Du darfst nun selbst herausfinden, ob unsere Vermutungen richtig sind.
Lehrer/in verteilt die Sachtexte an die Gruppen und legt Sachtext 5 als Zusatzaufgabe bereit.
        Sch: arbeiten differenziert in Gruppenarbeit

Zusammentragen der Gruppenergebnisse:
L: Gruppe 1 kann uns sagen, wer die gefährlichsten Feinde des Igels sind.
        Sch: Gruppe 1 nennt die gefährlichsten Feinde des Igels
Lehrer/in legt Folie auf und notiert:
      - Uhu
      - Habicht

L: Gegen manche Feinde hat der Igel eine Chance. Das kann uns Gruppe 2 erklären.

Sch: Gruppe 2 zählt Feinde auf und erklärt, wie sich der Igel wehren kann.

Lehrer/in notiert auf der Folie mit:

Gegen Dachs, Fuchs, Hund, Marder, Schlange und Katze kann er sich wehren (einrollen, Stacheln aufstellen).

L: Gruppe 3 kann uns sagen, warum auch das Wetter eine Gefahr für den Igel darstellt.

Sch: Gruppe 3 nennt die Umstände.

Lehrer/in notiert auf der Folie mit:

- Junge Igel können erfrieren.
- Manche Igel verhungern, wenn sie zu früh aufwachen.

L: Gerade der Mensch ist der Hauptfeind des Igels.

Sch: Gruppe 4 erklärt, warum der Mensch der Hauptfeind des Igels ist.

Lehrer/in notiert auf der Folie mit:

- Viele Igel werden überfahren.
- Manche Igel werden falsch versorgt, z. B. mit Milch.

L: Du weißt jetzt, ob unsere Vermutungen richtig waren.

Lehrer/in dreht die Wortkarte um: „Wir überprüfen".

Sch: äußern sich

vergleichen Vermutungen an der Tafel mit Ergebnissen

wischen falsche Vermutungen weg

Sicherung:

Lehrer/in verteilt das Arbeitsblatt an die Schüler.

Sch: übertragen die Tafelanschrift auf das Arbeitsblatt

Weiterführung:

L: Wir haben schon erfahren, dass manche Menschen den Igel im Winter falsch versorgen. Vielleicht weißt du schon, wie man ihn richtig behandelt, um ihm zu helfen.

Sch: erzählen

Lehrer/in verteilt Sachtext 5 nun an alle Schüler.

Sch: kleben Sachtext 5 ins Heft

lesen mehrmals laut vor

nennen richtige Versorgung des Igels durch den Menschen

Hausaufgabe:

Unterstreiche, wie du den Igel richtig versorgen kannst.

Tafelbild: Eingerollter Igel

Gruppe 1: Die gefährlichsten Feinde des Igels

Die gefährlichsten Feinde des Igels sind der Uhu und der Habicht. Sie haben lange, scharfe Krallen, die den Igel schnell und sicher ergreifen. Gegen sie hat der Igel kaum eine Chance, sich zu wehren.

Gruppe 2: So wehrt sich der Igel gegen die natürlichen Feinde

Zu den natürlichen Feinden des Igels gehören der Dachs, der Fuchs, der Hund, der Marder, die Schlange und die Katze. Bei Gefahr kann sich der Igel zu einer Kugel zusammenrollen. In seiner sackartigen Rückenhaut stecken ca. 16000 spitze Stacheln, die durch Muskelanspannung aufgerichtet werden. Mit seinen spitzen Zähnen kann der Igel sogar manche Feinde töten.

Gruppe 3: Das Wetter im Winter

Viele junge Igel überleben ihren ersten Winter nicht - nur 1 von 40. Oft haben sich die Igel keine ausreichende Fettschicht angefressen. Wenn es sehr kalt ist, können sie im Nest erfrieren. Einige Igel wachen auch zu früh aus dem Winterschlaf auf und müssen verhungern, wenn es noch zu kalt ist, um Nahrung zu finden.

Gruppe 4: Der Mensch

Der Hauptfeind des Igels ist der Mensch. Zwischen 100000 und 250000 Igel werden jedes Jahr von Autos überfahren.
Viele Menschen wollen dem Igel im Winter helfen, wenn er zu früh aus dem Winterschlaf erwacht ist. Sie geben dem Igel Kuhmilch zu trinken. Aber davon bekommt er Durchfall. Auch andere Nahrungsmittel, die der Mensch mag, verträgt der Igel nicht.
Da der Igel eine zahlreiche Nachkommenschaft (Igelkinder!) hat, ist er in seiner Art in Deutschland noch nicht bedroht. Trotzdem gehört er zu den geschützten Tieren.

Arbeitsblatt / Folie

Name:

Wer sind die Feinde des Igels?

1. Die natürlichen Feinde sind:

2. Das Winterwetter

3. Der Mensch:

Name:

Wer sind die Feinde des Igels?

1. Die natürlichen Feinde sind: Uhu und Habicht

Gegen Dachs, Fuchs, Marder, Hund, Katze und Schlange kann er sich wehren (einrollen und Stacheln aufstellen).

2. Das Winterwetter

Junge Igel können erfrieren. Manche Igel verhungern, wenn sie zu früh aufwachen.

3. Der Mensch:

Viele Igel werden überfahren. Manche Igel werden vom Menschen falsch versorgt.

Sachtext 5: Hilfe für den Igel

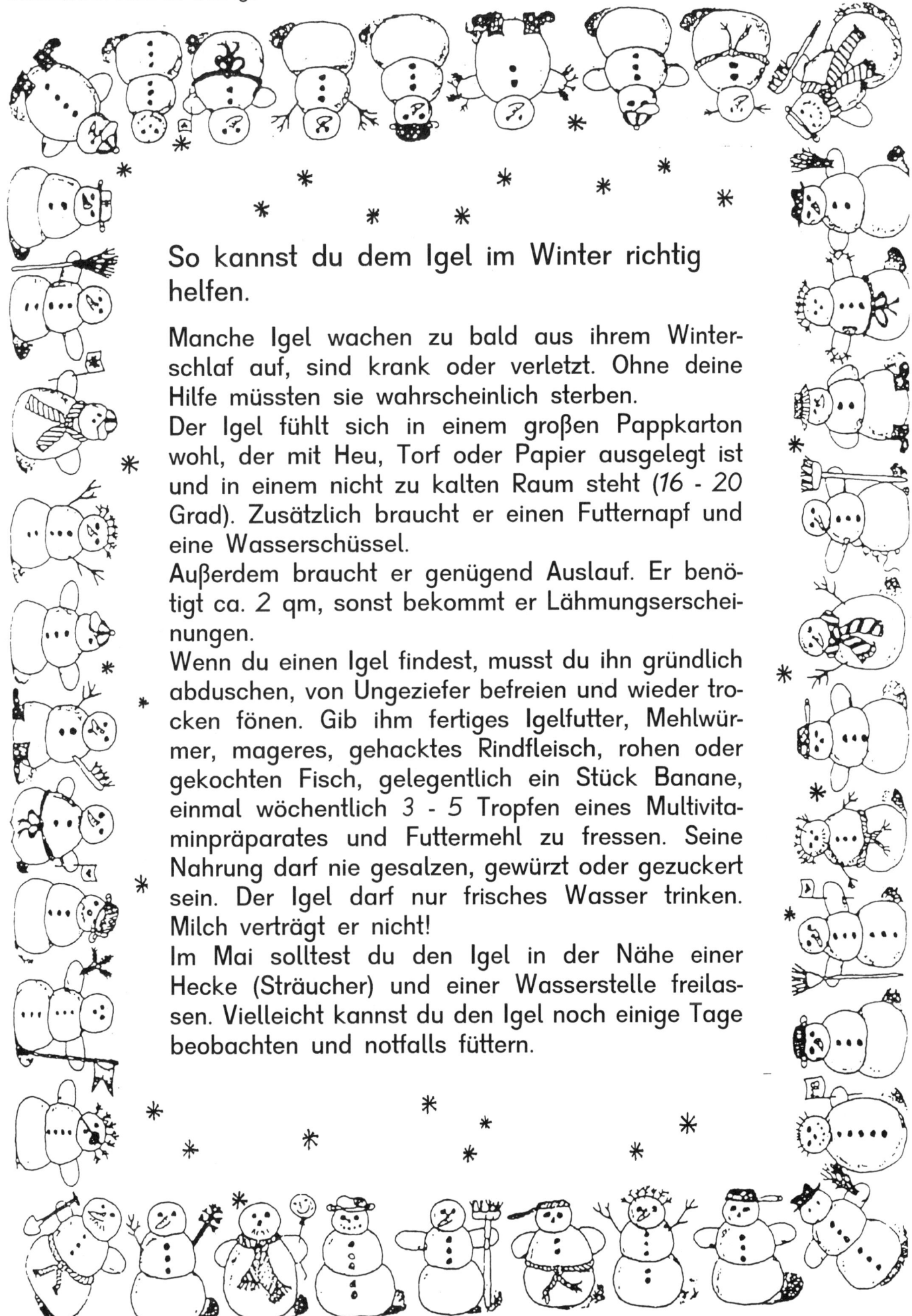

So kannst du dem Igel im Winter richtig helfen.

Manche Igel wachen zu bald aus ihrem Winterschlaf auf, sind krank oder verletzt. Ohne deine Hilfe müssten sie wahrscheinlich sterben.

Der Igel fühlt sich in einem großen Pappkarton wohl, der mit Heu, Torf oder Papier ausgelegt ist und in einem nicht zu kalten Raum steht (16 - 20 Grad). Zusätzlich braucht er einen Futternapf und eine Wasserschüssel.

Außerdem braucht er genügend Auslauf. Er benötigt ca. 2 qm, sonst bekommt er Lähmungserscheinungen.

Wenn du einen Igel findest, musst du ihn gründlich abduschen, von Ungeziefer befreien und wieder trocken fönen. Gib ihm fertiges Igelfutter, Mehlwürmer, mageres, gehacktes Rindfleisch, rohen oder gekochten Fisch, gelegentlich ein Stück Banane, einmal wöchentlich 3 - 5 Tropfen eines Multivitaminpräparates und Futtermehl zu fressen. Seine Nahrung darf nie gesalzen, gewürzt oder gezuckert sein. Der Igel darf nur frisches Wasser trinken. Milch verträgt er nicht!

Im Mai solltest du den Igel in der Nähe einer Hecke (Sträucher) und einer Wasserstelle freilassen. Vielleicht kannst du den Igel noch einige Tage beobachten und notfalls füttern.

Wenn sich die Igel küssen

Johannes Kuhnen

Wenn sich die I-gel küssen, dann müssen, müssen, müssen sie ganz, ganz fein be-hut-sam sein.

2. Wenn sich die Störche küssen ...

3. Wenn Elefanten küssen ...

4. Wenn Stachelschweine küssen ...

5. Wenn sich die Menschen küssen ...

Lernzielkontrolle

LZK Name:

Was weißt du über den Igel?

1. Benenne und beschreibe die Körperteile des Igels.

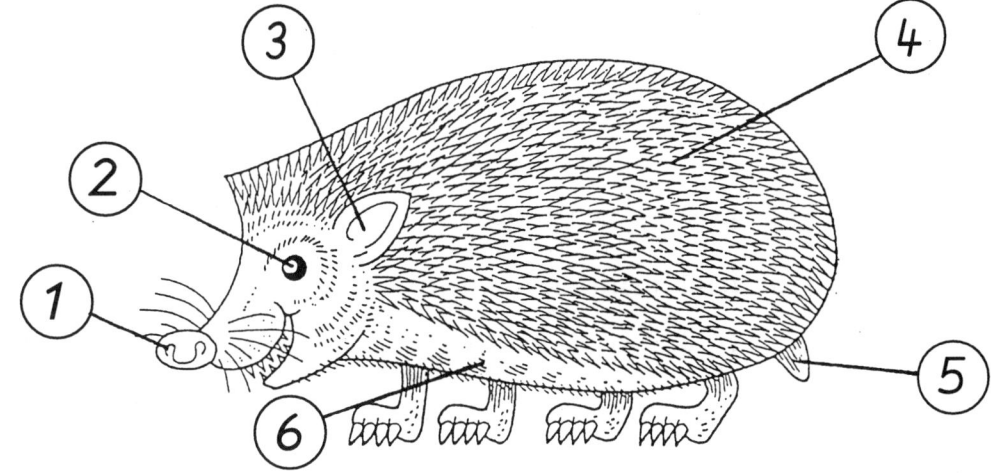

① ____
② ____
③ ____
④ ____
⑤ ____
⑥ ____

2. Der Igel ist zum Wühlen und Graben ausgerüstet. Welche Körperteile helfen ihm dabei?

____

Lernzielkontrolle

3. Richtig oder falsch? Kreuze an.

richtig	falsch	
O	O	Der Igel hält sich tagsüber in Hecken auf.
O	O	Bei Gefahr verspritzt der Igel ein starkes Gift.
O	O	Der Igel jagt am liebsten mittags.
O	O	Der Igel ist nachts wach.
O	O	Der Igel hält Winterruhe.
O	O	Der Igel kann schwimmen.
O	O	Der Igel baut sein Nest aus Moos, Heu und Laub.
O	O	Der Igel hat lange Beine.
O	O	Eine Kreuzotter kann den Igel leicht töten.

4. Wo baut der Igel sein Nest?

5. Warum nennt man den Igel einen Winterschläfer?

6. Wie schützt sich der Igel vor Feinden?

Lernzielkontrolle

7. Nenne fünf Lieblingsspeisen des Igels.

_____
_____

8. In welcher Zeit hält der Igel seinen Winterschlaf? Kreuze an.

- O Januar bis März
- O Dezember bis Februar
- O November bis März

9. Warum verhungert der Igel während seines Winterschlafes nicht?

_____
_____

10. Wie kannst du dem Igel richtg helfen, sollte er zu früh aus dem Winterschlaf erwachen?

_____
_____
_____
_____

Von _____ Punkten hast du _____ Punkte erreicht.

Name:

Fritz Stachelwald

Bei Nacht und Nebel durch den Park
marschiert der Polizist Hans Stark.
In einem Strauche rührt sich was.
Ein Niesen, Schnaufen. Was ist das?
„Heraus! - Ich schieße! - Wird es bald?"
Zum Vorschein kommt Fritz Stachelwald.
„Ach Igel, du streifst noch herum?
Das darfst du gern. - Entschuldigung."

Josef Guggenmos

Spielt das Gedicht mit Figuren.

Wozu brauchen wir Wasser?

Vorbereitung:
* Fotokarton
* Wortstreifen für die Schüler kopieren
* Folie vom Arbeitsblatt herstellen
* Arbeitsblatt in Anzahl der Schüler kopieren
* Sachtexte in Anzahl der Schüler kopieren

Einstieg:
Lehrer/in trägt Gedicht vor:

> Mal ist es heiß - mal ist es kalt,
> mal ist es frisch - mal ist es alt.
> Es fällt oft von der höchsten Wand
> und steigt auch hoch bis über'n Rand.
> Mal ist es schwer - mal ist es leicht,
> mal ist es hart - mal ist es weich.
> Es trägt die schwersten Dinge fort
> und dringt noch ein an jeden Ort.
> Mal ist es grün - mal ist es blau,
> oft ist es klar und manchmal grau.
> In seiner Tiefe hausen Wunderwesen
> und kranke Menschen wollen dran genesen.
> Mal ist es still - mal ist es laut,
> mal ist es unsichtbar - mal wird ein Haus daraus gebaut.
> Es ändert ständig seine Form -
> ist das nicht enorm?

Sch: vermuten

Zielangabe:
Lehrer/in schreibt auf das Plakat groß und bunt: „Wasser"

Brainstorming:
Lehrer/in verteilt an die Schüler Wortstreifen.
L: Schreibe auf, was dir zum Begriff „Wasser" einfällt.
    Sch: überlegen und notieren alle Assoziationen zum Thema „Wasser"
         heften ihre Wortstreifen auf das Plakat

Problemfrage:
L: Wozu brauchen wir täglich Wasser?
Lehrer/in notiert an der Tafel mit.

Erarbeitung:

L: Überlege mit deinem Partner, wozu wir täglich Wasser brauchen. Schreibe es auf deinen Block.

    Sch: arbeiten mit ihrem Partner

        notieren ihre Überlegungen auf den Block

Lehrer/in heftet Wortkarte „Wir vermuten" an die Tafel.

    Sch: tragen ihre Überlegungen vor

Lehrer/in notiert an der Tafel mit.

Lehrer/in legt Folie des Arbeitsblattes auf OHP, zeigt sukzessive die Bilder.

    Sch: beschreiben, wozu wir Wasser benötigen

Lehrer/in notiert die von den Schülern formulierten Sätze dazu.

Lehrer/in zeigt auf Menschen Tiere und Pflanzen.

    Sch: äußern sich

Lehrer/in notiert abschließend auf der Folie:

    Menschen, Tiere und Pflanzen brauchen das Wasser zum Leben.

Sicherung:

Lehrer/in verteilt die Arbeitsblatt an die Schüler.

    Sch: übertragen die Folienanschrift auf das Arbeitsblatt

Weiterführung /Reflexion:

Lehrer/in verteilt Sachtext 1 an die Schüler.

    Sch: lesen den Sachtext

        besprechen sich mit dem Partner

        stellen fest, dass wir viel Wasser benötigen

L: Haben wir unendlich viel Wasser?

    Sch: verneinen

        erkennen, dass wir mit Wasser sparsam umgehen müssen

L: Jeder von uns kann etwas tun.

    Sch: vermuten

Lehrer/in verteilt Sachtext 2 an die Schüler.

    Sch: lesen Sachtext 2

        äußern sich

        geben Wasserspartipps

Weitere Aktivitäten/Materialien

Arbeitsblatt: Tipps zum Wassersparen und zum Wasserschutz
Die Schüler verbinden zusammengehörende Sätze und malen diese in der gleichen Farbe an.

Spiel im Sitzkreis:
Die Sätze des Arbeitsblattes auf Satzstreifen schreiben.
Lehrer/in verteilt die Wortstreifen an die Schüler. Immer zwei Satzstreifen gehören zusammen. Ein Schüler liest seinen Satz vor und legt ihn auf den Boden. Der Schüler mit dem dazugehörigen Satz ergänzt seinen Satz und legt diesen dazu.

Umfrage:
Die Schüler zählen ihren Wasserverbrauch von einem Tag/Woche und notieren die verbrauchte Wassermenge auf dem Beobachtungsbogen.

Wie viel Wasser verbrauchst du an einem Tag?

___ mal Hände waschen	1 mal = 2 Liter	___ Liter
___ mal Gesicht waschen	1 mal = 3 Liter	___ Liter
___ mal Duschen	1 mal = 50 Liter	___ Liter
___ mal Vollbad	1 mal = 250 Liter	___ Liter
___ mal Toilette gehen	1 mal = 10 Liter	___ Liter
___ mal Kochen	1 mal = 10 Liter	___ Liter
___ mal Auto waschen	1 mal = 100 Liter	___ Liter
___ mal Garten gießen	1 mal = 100 Liter	___ Liter

Gesamtverbrauch:

1 Tag _____ Liter
1 Woche _____ Liter
1 Monat _____ Liter

Wortstreifen für 1 Schüler

Arbeitsblatt/Folie

Name:

Wozu brauchen wir Wasser?

Name:

Wozu brauchen wir Wasser?

Wir brauchen Wasser zum Trinken.

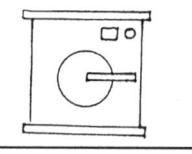

Wir brauchen es zum Wäschewaschen.

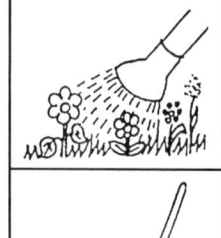

Wir gießen die Pflanzen mit Wasser.

Wir putzen mit Wasser.

Die Tiere brauchen Wasser zum Trinken.

Wir kochen mit Wasser

Wir schwimmen im Wasser.

Wir waschen uns mit Wasser.

Menschen, Tiere und Pflanzen brauchen das Wasser zum Leben.

2 Sachtexte: Umgang mit Wasser

Sachtext 1:
So viel Wasser verbrauche ich an einem Tag

Hast du dir einmal überlegt, wie viel Liter Wasser du an einem Tag im Durchschnitt verbrauchst? Da gehört natürlich nicht nur das Baden, Zähneputzen und die Toilettenspülung dazu, sondern auch das Wasser, das sonst noch im Haus verbraucht wird. Dazu zählt auch das Blumengießen, Wäschewaschen usw.
Durchschnittlich braucht eine Person am Tag:

- *15 Liter Wasser zum Wäschewaschen*
- *45 Liter Wasser zur Toilettenspülung*
- *15 Liter Wasser zum Trinken, Kochen und Geschirrspülen*
- *40 Liter Wasser zum Baden*
- *10 Liter Wasser für Körperpflege (Zähneputzen, waschen)*
- *15 Liter Wasser, um den Garten und die Blumen zu gießen und das Auto zu waschen*
- *10 Liter Wasser als Wisch- und Putzwasser*

Sachtext 2:
Wasserspartipps

Wir verbrauchen jeden Tag sehr viel kostbares Trinkwasser, das zu schmutzigem, manchmal auch giftigem Abwasser wird. Damit unser Wasser rein bleibt und nicht zu knapp wird, sollten wir alle mithelfen, es sauber zu halten und sparsam damit umzugehen.

Wasserspartipps	eingesparte Wassermenge
• Bei der Toilette Wasserspartaste drücken!	25 l
• Den Geschirrspüler nur voll einschalten!	5 l
• Duschen statt baden!	5 l
• Beim Zähneputzen einen Zahnputzbecher benützen!	5 l
• Garten gießen/Auto waschen nur mit Regenwasser	15 l

Tipps zum Wassersparen und zum Wasserschutz

Verbinde richtig.

Beim Zähneputzen nicht das Wasser laufen lassen, denn ...

Anstatt zu baden ...

Nach dem Basteln mit giftigen Farben und Lacken nicht ...

Auf der Toilette - wenn möglich - ...

Zum Blumengießen ...

Mit Wasch- und Pflegemitteln ...

Den Wasserhahn ...

... in den Ausguss kippen. Das vergiftet unser Trinkwasser.

... die Spartaste benutzen. So sparst du 11 Liter pro Spülung.

... Zähneputzen mit dem Becher spart 5 Liter.

... lieber duschen. Du sparst 100 Liter.

... nicht tropfen lassen. Das würde 14 Liter am Tag verschwenden.

... sparsam umgehen Sie belasten die Gewässer.

... Regenwasser verwenden. Du verbrauchst 0 Liter Trinkwasser.

Wir spielen das Wasserspiel

Vorbereitung:
Lehrer/in stellt bereit:
* 4 Eimer
* je 2 kleine Eimer, Siebe, Plastiktüten, Schöpfer, Papiertüten, Stoffe, Gießkannen, Töpfe, Löffel
* Start- und Wendemarkierungen
* Tafelbild „Wasserspiel" auf DIN A 3 vergrößern
* Arbeitsblatt in Schüleranzahl kopieren und Folie dazu herstellen
* Bilder für das Arbeitsblatt in Anzahl der Schüler kopieren

Einstieg:
Lehrer/in zeigt Gegenstände und deutet auf Wasser bzw. aufgebaute Start- und Wendemarkierungen

    Sch: vermuten:
        Wir machen einen Wettlauf
        Wir transportieren Wasser mit verschiedenen Gegenständen um die Wette

Zielangabe:
Wir spielen das Wasserspiel
Lehrer/in heftet Bild „Wasserspiel" an die Tafel.

    Sch: formulieren die Problemfrage

Problemfrage:
Welche Gegenstände eignen sich, um das Wasser (möglichst viel davon) zu transportieren?

Hypothesenbildung:
Lehrer/in heftet Wortkarte: |Wir vermuten| an die Tafel
Lehrer/in notiert an Tafel: **Womit wäre es leicht?**
    Sch: vermuten: Topf, Eimer, Gießkanne, Schüssel, Löffel, Plastiktüte
Lehrer/in notiert an Tafel: **Womit wäre es schwierig?**

Sch: vermuten: Sieb, Hände, Stoff, Papier ...

Informationsgewinnung (im Pausenhof):
Gemeinsames Aufbauen des Spiels und der Start- und Wendemarkierungen im Pausenhof
> Sch: spielen das Wassertransportspiel mit verschiedenen Gegenständen als Wettlauf- bzw. Staffelspiel und erproben hierbei die Wasserdurchlässigkeit von Gegenständen und verschiedenen Materialien im Pausenhof

Informationsverarbeitung (im Klassenzimmer):
Lehrer/in zeigt auf der Folie:
> Womit kann man Wasser transportieren?
> Wasserdurchlässig sind:

Lehrer/in legt die Bilder ungeordnet auf den OHP.
> Sch: nennen Gegenstände, mit denen es schwierig ist, Wasser zu transportieren (Gegenstände, die wasserdurchlässig sind)
> Hände, Papiertüte, Sieb, Stoff
> legen diese geordnet an die entsprechende Stelle auf der Folie

Lehrer/in schreibt die genannten Begriffe dazu.
Lehrerin zeigt auf OHP:
> Wasserundurchlässig sind:
> Sch: äußern sich:
> Gießkanne, Schöpfer, Eimer, Plastiktüte, Topf, Löffel ...
> legen die Bilder an die entsprechende Stelle auf der Folie

Lehrer/in schreibt Begriffe dazu.

Überprüfen der Hypothesen:
Schüler vergleichen gewonnene Informationen mit ihren Vermutungen

Sicherung:
Schüler übertragen die Folienanschrift auf das Arbeitsblatt und kleben die Bilder dazu.

Reflexion:
Lehrer/in zeigt Regenhose, Regenjacke
> Sch: äußern sich:
> Material (= Plastik) lässt kein Wasser durch, wir werden nicht nass.

Arbeitsblatt/Folie   143

Name:

Womit kann man Wasser transportieren?

Wasserdurchlässig sind:

Klebe!

Wasserundurchlässig sind:

Klebe!

© pb-Verlag Puchheim HSU kompakt 2. Jgst., Bd. II

Womit kann man Wasser transportieren?

Wasserdurchlässig sind:

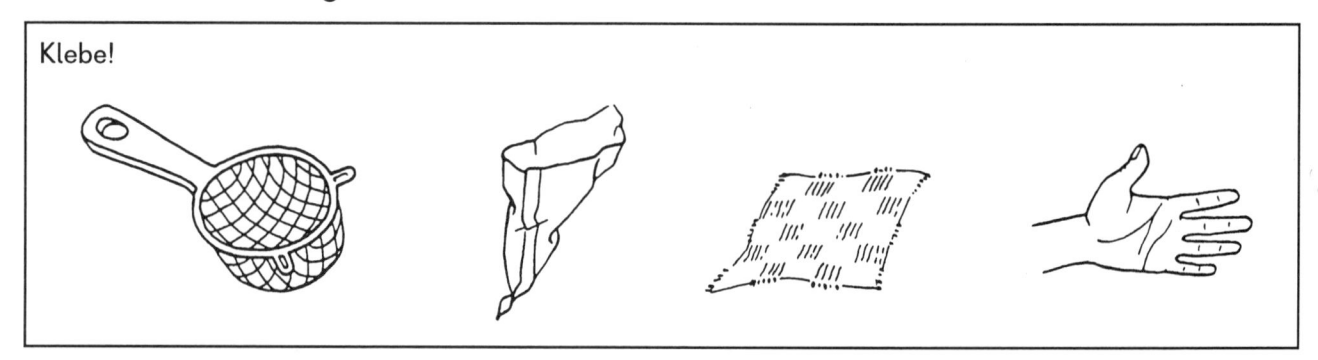

Sieb   Papiertüte   Stoff   Hände

Wasserundurchlässig sind:

Eimer   Topf   Papiertüte   Löffel

Gießkanne   Schöpfer

Bilder zum Einkleben für das AB (je 3 Sch.)

Tafelbild 146

Arbeit an Stationen - Versuche mit Wasser

Vorbereitung:
* Vorbereiten der Stationen: Plakate in Gruppenanzahl (jede Gruppe 1 Plakat)
* Wortkarten kopieren
* Sachtext in Anzahl der Gruppen kopieren

Station 1:
Behälter mit Wasser gefüllt, verschiedene Gegenstände bereitlegen:
Nagel, Stoffreste, Korken, Stift, Papier, Glasmurmel, Wäscheklammer (aus Plastik, Holz), Radiergummi, Styroporstück, Holzstück, Gummiball, Stein, Geldstück
Beobachtungsbogen Station 1 in Gruppenanzahl kopieren

Station 2:
Behälter mit Wasser, Plastilin in Gruppenanzahl zum Formen und Kneten

Station 3:
1 Glas mit warmem Wasser, 1 Glas mit kaltem Wasser, Eiswürfel

Station 4:
Wasser in einem Becher, Teelichter, Feuerzeug, geformte Aluschälchen, Wäscheklammern, Handspiegel

Station 5:
Becher mit Wasser, Gefrierschrank (evtl. beim Hausmeister, Lehrerzimmer ...)

Station 6:
3 Gläser mit Wasser, Steine, Brausepulver, Salz, Siebe
Beobachtungsbogen in Gruppenanzahl kopieren

Arbeit an Stationen

An jeder Station liegen Karten mit Arbeitsaufträgen bereit. Die Schüler durchlaufen in Gruppen den Stationsbetrieb und bearbeiten die Arbeitssaufträge. Schüler notieren Ergebnisse auf Block bzw. Beobachtungsbogen.

Station 1:
Arbeitsauftrag:

Welche Gegenstände schwimmen? Welche Gegenstände sinken?
   Sch: führen ihren Versuch durch
     vermuten, probieren, beobachten, besprechen, schreiben auf, begründen

Station 2:
Arbeitsauftrag:

Welche Form muss das Plastilin haben, damit es schwimmt?

Sch: führen ihren Versuch durch
vermuten, probieren, beobachten, besprechen, begründen, zeigen

Station 3:
Arbeitsauftrag:
Was passiert mit den Eiswürfeln? Lege einen Eiswürfel in das warme Wasser, einen Eiswürfel in das kalte Wasser!
Sch: führen ihren Versuch durch
vermuten, probieren, beobachten, besprechen, schreiben auf, begründen

Station 4:
Arbeitsauftrag:
Was passiert mit dem Wasser? Gib Wasser in das geformte Aluschälchen und halte dieses mit einer Wäscheklammer über die Teelichtflamme! Der Partner hält einen Spiegel über das Aluschälchen!
Sch: führen ihren Versuch durch
vermuten, probieren, beobachten, besprechen, schreiben auf, begründen

Station 5:
Arbeitsauftrag:
Was passiert mit dem Wasser? Fülle einen Becher mit Wasser und stelle ihn in den Gefrierschrank!
Sch: führen ihren Versuch durch
vermuten, probieren, beobachten, besprechen, schreiben auf, begründen

Station 6:
Arbeitsauftrag:
Was löst sich in Wasser auf?
Sch: führen ihren Versuch durch
vermuten, probieren, beobachten, besprechen, schreiben auf, begründen

Arbeitsauftrag:
Wie löst es sich wieder aus dem Wasser?
Achtung: Dieser Versuch benötigt viel Zeit!
Sch: führen ihren Versuch durch
vermuten, probieren, beobachten, besprechen, schreiben auf, begründen

Vorstellen der Gruppenergebnisse

Jede Gruppe stellt eine Station vor (Vorschlag: Auswahl der Stationen zur Präsentation per Losverfahren).

Hierzu erhalten die Schüler nochmals Zeit, um ein Plakat zur Präsentation zu erstellen, das dann im Klassenzimmer aufgehängt werden kann. Lehrer/in heftet fachspezifische Begriffe (Wortkarten) an die Tafel. Die Schüler suchen sich zum Erstellen ihres Plakates die entsprechende(n) Wortkarte(n) aus und kleben sie auf ihr Plakat.

Anschließend stellt jede Gruppe ihre Arbeit den anderen vor und präsentiert die gewonnenen Ergebnisse auf dem Plakat.

Am Ende bleibt die Wortkarte „verdunsten" an der Tafel übrig.
Gemeinsames Besprechen, dass Wasser über einen längeren Zeitraum ohne Wärmezufuhr von alleine verdunstet - im Gegensatz zum Verdampfen: mit Wärmezufuhr. (Evtl. ein Glas Wasser über mehrer Tage stehen lassen.

Reflexion:
Gespräch über Ablauf, Organisation und Inhalte der Arbeit an den Stationen.

Sachtext:

Lies den Sachtext und überlege, was an deiner Station passiert. Hole die entsprechende(n) Wortkarte(n) von der Tafel.

verdampfen:	Eine Flüssigkeit wird gasförmig durch Wärmezufuhr.
verdunsten:	Eine Flüssigkeit wird gasförmig ohne große Wärmezufuhr.
gefrieren:	Eine Flüssigkeit wird durch Kälte fest.
schmelzen:	Ein fester Stoff wird flüssig.
absetzen:	In einer Flüssigkeit feste Stoffe zu Boden sinken lassen.
filtrieren:	Eine Flüssigkeit von festen Stoffen befreien, indem diese in einem Filter hängen bleiben.
sinken:	Der Gegenstand in einer Flüssigkeit fällt langsam auf den Boden.
schwimmen:	Der Gegenstand in einer Flüssigkeit bleibt auf der Wasseroberfläche.

Arbeitskarten für Stationenbetrieb

1. Station

Welche Gegenstände schwimmen? Welche Gegenstände sinken?

vermuten - probieren - beobachten - besprechen - aufschreiben - begründen

2. Station

Welche Form muss das Plastilin haben, damit es schwimmt?

vermuten - probieren - beobachten - besprechen - begründen - zeigen

3. Station

Was passiert mit den Eiswürfeln?

Lege einen Eiswürfel in das warme Wasser, einen Eiswürfel in das kalte Wasser.

vermuten - probieren - beobachten - besprechen - aufschreiben - begründen

4. Station

Was passiert mit dem Wasser?

Gib etwas Wasser in das geformte Aluschälchen und halte dieses mit einer Wäscheklammer über die Teelichtflamme.
Der Partner hält einen Spiegel über das Aluschälchen.

vermuten - probieren - beobachten - besprechen - aufschreiben - begründen

5. Station

Was passiert mit dem Wasser?

Fülle einen Becher mit Wasser und stelle ihn in den Gefrierschrank.

vermuten - probieren - beobachten - besprechen - aufschreiben - begründen

6. Station

Was löst sich in Wasser auf? Wie löst es sich wieder aus dem Wasser?

vermuten - probieren - beobachten - besprechen - aufschreiben - begründen

Wortkarten

schwimmen

sinken

schwimmen

sinken

schmelzen

verdampfen

verdunsten

gefrieren

absetzen

filtrieren

Beobachtungsbogen: Station 1

Station 1:
Was schwimmt? Was sinkt?

Stoffe	Wir vermuten: • es schwimmt ⇨ • es sinkt ⇩	Wir beobachten und stellen fest: • es schwimmt ⇨ • es sinkt ⇩
Korken		
Geldstück		
Stein		
Styropor		
Wäscheklammer aus Holz		
Wäscheklammer aus Plastik		
Glasmurmel		
Radiergummi		
Holzstück		

Beobachtungsbogen: Station 6

Station 6:
Was löst sich in Wasser?
Wie löst es sich wieder aus dem Wasser?

Arbeitsauftrag:
Gib die Stoffe in ein Glas mit Wasser und rühre um. Kreuze an, ob die Stoffe wasserlöslich sind und wie sich wasserlösliche Stoffe wieder aus dem Wasser lösen.

Stoffe	wasserlöslich	Lösung aus dem Wasser
Salz	O ja O nein	O filtrieren O absetzen lassen O verdunsten
(Sand)	O ja O nein	O filtrieren O absetzen lassen O verdunsten
Brause Pulver	O ja O nein	O filtrieren O absetzen lassen O verdunsten
	O ja O nein	O filtrieren O absetzen lassen O verdunsten

© pb-Verlag Puchheim HSU kompakt 2. Jgst., Bd. II

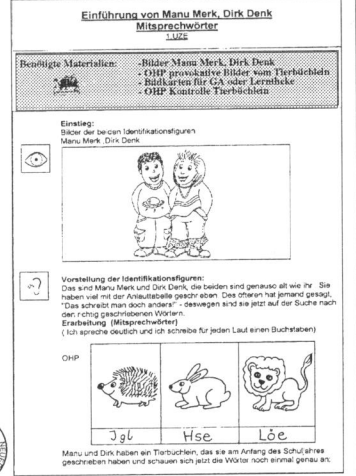

DEUTSCH — Rechtschreiben 1./2.

Unterrichtspraxis
Pia Dorn/Anett Weiß
Neue Wege zum richtigen Schreiben
1. Jahrgangsstufe

- ARBEITSBLÄTTER · FOLIENVORLAGEN
- LEHRSKIZZEN · LERNSPIELE

Inhaltsübersicht:
1. **Rechtschreibstrategien aufbauen:**
Großschreibung von Namenwörtern, Großschreibung am Satzanfang, V-Wörter, Endung-er, Sp/sp und St/st, aus A/a wird Ä/ä, aus au wird äu, ai-Wörter
2. **Arbeit am Grundwortschatz in Wortschatzbereichen:**
Wortschatzbereich: Ein Tag, Wortschatzbereich: Mein Körper, Wortschatzbereich: Ostern, Wortschatzbereich: Wohnen, Wortschatzbereich: Sommer
(Zu jedem Wortschatzbereich finden Sie das Wortmaterial, eine Einführungsstunde, Übungsmöglichkeiten sowie eine Lernzielkontrolle.)
3. **Weitere Übungsmöglichkeiten:**
Hier finden Sie Übungsmöglichkeiten, die immer anwendbar sind und keine besondere Kopiervorlage erfordern.

Neue Wege zum richtigen Schreiben 1.
Nr. 980 102 Seiten € 16,90

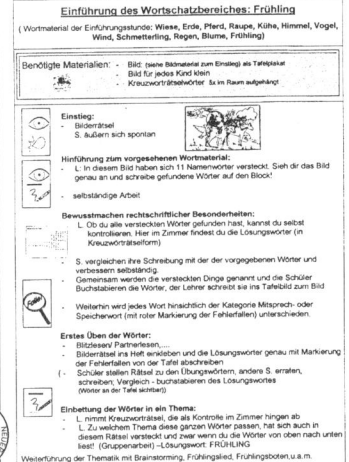

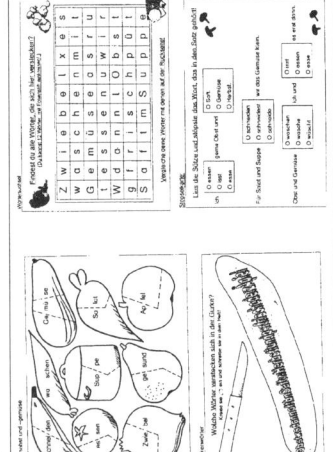

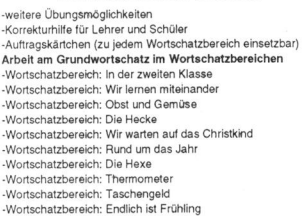

Unterrichtspraxis
Pia Dorn/Anett Weiß
Neue Wege zum richtigen Schreiben
2. Jahrgangsstufe

- ARBEITSBLÄTTER · FOLIENVORLAGEN
- LEHRSKIZZEN · LERNSPIELE

Inhaltsübersicht:
- weitere Übungsmöglichkeiten
- Korrekturhilfe für Lehrer und Schüler
- Auftragskärtchen (zu jedem Wortschatzbereich einsetzbar)

Arbeit am Grundwortschatz im Wortschatzbereichen
- Wortschatzbereich: In der zweiten Klasse
- Wortschatzbereich: Wir lernen miteinander
- Wortschatzbereich: Obst und Gemüse
- Wortschatzbereich: Die Hecke
- Wortschatzbereich: Wir warten auf das Christkind
- Wortschatzbereich: Rund um das Jahr
- Wortschatzbereich: Die Hexe
- Wortschatzbereich: Thermometer
- Wortschatzbereich: Taschengeld
- Wortschatzbereich: Endlich ist Frühling
- Wortschatzbereich: Familie
- Wortschatzbereich: Wie viel Uhr ist es?
- Wortschatzbereich: Mit dem Rad unterwegs
- Restekiste

Rechtschreibstrategien aufbauen:
Den einzelnen Wortschatzbereich zugeordnet finden Sie:
- Tunwörter haben eine Grundform und verändern sich
- Wörter haben Silben und lassen sich entsprechend trennen
- Arbeitsblatt: Selbstlaute und Mitlaute
- Im Fundbüro von Pit Fund - Auslautverhärtung

Neue Wege zum richtigen Schreiben 2.
Nr. 981 170 Seiten € 21,90

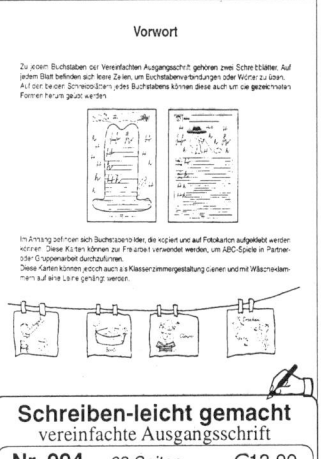

KOPIERHEFTE mit Pfiff!
Andrea Reichert
Deutsch
Schreiben -leicht gemacht
1./2. Jahrgangsstufe

Vereinfachte Ausgangsschrift

Kopiervorlagen

Schreiben-leicht gemacht
vereinfachte Ausgangsschrift
Nr. 994 62 Seiten € 13,90

Stoffverteilungsplan
1./2. Jahrgangsstufe
zum neuen bayerischen Lehrplan

Vorwort
Der vorliegende Stoffverteilungsplan für die 1. und 2. Jahrgangsstufe wurde auf der Grundlage des Lehrplans für die bayerische Grundschule, Stand Juli 2000, erstellt.

Die Planung des Unterrichtsstoffes wird auf Din A4 Seiten pro Monat angeboten. Um eine knappe und übersichtliche Arbeitsgrundlage zu erhalten, ist die Verwendung der Übersicht im Din A3 Format gedacht. Es kann also pro Monat mit einer vorne und hinten bedruckten Übersicht gearbeitet werden.

Dieser Stoffverteilungsplan wendet sich an alle Lehrkräfte der Jahrgangsstufen 1 und 2 an bayerischen Grundschulen, da er sich nicht an bestimmten Schulbüchern orientiert, sondern eine ausgewogene Grobverteilung der Lernziele und Lerninhalte enthält, die im Laufe des Schuljahres individuell und schrittweise ergänzt werden kann.

Stoffverteilungsplan für Dezember
Heimat- und Sachkunde

1.6 Orientierung in Zeit und Raum
1.6.3 Jahresablauf
Feste und Brauchtum mitgestalten (Unterscheidung zwischen einmalig stattfindenden und sich wiederholenden Ereignissen im Jahreslauf)
Advent, St. Barbara, Nikolaus, Weihnachten

1.6.4 Schulgelände und Schulweg angemessenes Verhalten in öffentlichen und privaten Verkehrsmitteln notwendige Verhaltensweisen beim Mitfahren (Anschnallpflicht, Kindersitz, Verhalten an der Haltestelle, während der Fahrt, umweltbewusstes Verhalten)
Gefahren beim Mitgehen und Mitfahren

Stoffverteilungsplan für Januar
Heimat- und Sachkunde

1.6 Orientierung in Zeit und Raum
1.6.1 Tageslauf Eth 1/ 2.3
Den Wechsel von Aktivitäten und Ruhe, von Wiederholung und Einmaligkeit erfahren (Unterschied zwischen zyklischen Ereignissen und linearen Zeitverlauf: Morgen-Vormittag-Mittag-Nachmittag- Abend; früh-spät
Zeitbegriffe verstehen (vorgestern-gestern-heute-morgen-übermorgen-jetzt-früher-später-vorher-nachher-vergangen-gegenwärtig-zukünftig...)
Uhrzeit in vollen Stunden kennen M 1.41.
1.6.3 Jahreslauf
Jahreszeiten kennen und bewusst erleben Eth 1/ 2.3, D1/ 2.5.4, WTG 1.3.1

Stoffverteilungsp. 1./2. Jgst
Nr. 539 94 Seiten € 16,50

Stand der Preise 2003 - Bitte beachten Sie unsere aktuelle Preisliste!

○ 1./2. Jahrgangsstufe ○ Stand 10. 01. 2003 ○ **Preise in Euro** ○ Stand 10. 01. 2003 ○ 1./2. Jahrgangsstufe ○

Deutsch

Unterricht öffnen-Spielend lernen
Spiel- und Arbeitsmaterial für die Freiarbeit

355	Grundwortschatz 1	✎	15.90
	in Übungsstationen im Karteikartenformat		
	DIN A5 quer, 136 Seiten		
954	Grundwortschatz 2	✎	18.50
	in Übungsstationen im Karteikartenformat		
	DIN A5 quer, 186 Seiten		

Grundwortschatz in Nachschriften
Lauf- und Büchsendiktaten   KP

787	1. Schuljahr, *76 S.*	✎	14.90
788	2. Schuljahr, *104 S.*	✎	16.90

Grundwortschatz-Schülerhefte

118	Mein Grundwortschatz 1./2.	✎	3,90
	56 S., VA		
982	Mein Grundwortschatz 1./2.	✎	4,90
	80 S., VA, erweiterte Fassung		
992	Mein Wörterliste		
	zum Grundwortschatz 1./2. 12 S., VA	✎	1,50
065	Mein Grundwortschatz 1./2.	✎	3,90
	48 S., in Schulausgangsschrift		

Richtig Schreiben

980	Neue Wege zum richtigen Schreiben 1		
	102 S.	✎	16,90
981	Neue Wege zum richtigen Schreiben 2		
	170 S.	✎	21,90

Rechtschreiben-Unterrichtspraxis
Lernwörter, Nachschriften, Diktate

892	1. Schuljahr, *84 S.*	✎	14.90
893	2. Schuljahr, *88 S.*	✎	14.90

Die lustige Rechtschreibkartei   UP

042	2. Schuljahr, *110 S., A5 quer*	✎	14.50

Lesen lernen

700	Buchstabenzug, *107 S.*		7,90
075	Das ABC lustiger lernen		16.50
	Bilder- u. Bildergeschichten zur Veranschaulichung von Buchstaben und Wörtern, 112 S.		
895	ABC-Geschichten		13.90
	zum Lesen und Lesen lernen, 76 S.		
894	Mit allen Sinnen Buchstaben lernen	✎	9.90
	Arbeitsheft zu den ABC-Geschichten, 46 S.		

991	Stationenarbeit zur vertiefenden Leseübung 1		
	120 S.	✎	17.90

Literatur/Lesen

392	Mein Lese-Mal-Buch		
	1./2. Schuljahr *66 S.*	✎	13,90
357	Mit viel Spaß fit im Lesen		
	1./2. Schuljahr *46 S.*	✎	11,50
758	So macht Lesen Spaß, 1. Schuljahr		
	64 S.		12,50
759	So macht Lesen Spaß, 2. Schuljahr		
	78 S.		13,50

Gedichte

106	1./2. Schuljahr		12,90
	z.B. von Britting, Claudius, Morgenstern, Krüss,..., 18 Gedichte, 84 S.		

✎ = Neue Rechtschreibung

Schreiben leicht gemacht
Kopiervorlagen

994	Schreiblehrgang, 1./2. Schuljahr ✎		13,90
	in vereinfachter Ausgangsschrift		

Sprachbetrachtung/Sprachlehre

774	Spielend lernen, 2. Schulj., *116 S.*		14,90

Aufsatzerziehung

835	So werden meine Geschichten lebendiger		
	1./2. Schuljahr, *80 S.*	✎	15,50

Deutsch kompakt
Stundenbilder

290	1. Schuljahr Bd. I	*120 S.*	✎	17,90
291	1. Schuljahr Bd. II	*154 S.*	✎	19,90
984	1. Schuljahr Bd. III	*140 S.*	✎	18,90
292	2. Schuljahr Bd. I	*148 S.*	✎	19,90
293	2. Schuljahr Bd. II		✎	i.V.
985	2. Schuljahr Bd. III		✎	i.V.

Heimat- und Sachunterricht
Stundenbilder

270	HSU kompakt 1 Bd. I	*128 S.*	✎	18,50
271	HSU kompakt 1 Bd. II	*134 S.*	✎	18,90
272	HSU kompakt 2 Bd. I	*138 S.*	✎	19,50
273	HSU kompakt 2 Bd. II		✎	i.V.

734	2. Schuljahr Band I	*110 S.*	✎	15,90
735	2. Schuljahr Band II	*118 S.*	✎	16,90

Lernzielkontrollen/Proben

796	2. Schuljahr, *68 S.*	✎	13,50

Unser eigenes Thema

286	1./2. Jahrgangsstufe		i.V.

Verkehrserziehung

151	1./2. Schulj., *56 S.*	✎	13,50

Bilder- und Bildgeschichten zum Sachunterricht

162	1. Schuljahr, *72 S.*		12,50
165	2. Schuljahr, *96 S.*		13,90

Kopierhefte mit Pfiff

745	1. Schuljahr Band I, *84 S.*	✎	15,50
	Kind und Schule, Familie, Tagesablauf, Zeit, Spiel		
746	1. Schuljahr Band II, *96 S.*	✎	16,50
	Kind und Gesundheit, Kind und Natur		
747	2. Schuljahr Band I, *92 S.*	✎	16,50
	Kind und Schule, Familie, Zeit, Heimatgeschichte, räumliche Orientierung, wirtschaftliche Umwelt		
748	2. Schuljahr Band II, *92 S.*	✎	16,50
	Kind und Gesundheit, Kind und heimatliche Natur		
989	Kopierheft HSU 1, *36 S.*	✎	9,50
995	Kopierheft HSU 2, *46 S.*	✎	11,50

Religion
Katholische Religion NEU

288	1. Jahrgangsstufe, *140 S.*	✎	19,50
289	2. Jahrgangsstufe		i.V.

Evangelische Religion

072	2. Schulj., *80 S., 10 StB, 17 AB, 3 FV*		12,50

Ethik

262	1. Jahrgangsstufe, *112 S.*	✎	17,50
263	2. Jahrgangsstufe		i.V.

Grundlegender Unterricht

770	1. Schuljahr Band I	17,50
	142 S., 26 Themen	
771	1. Schuljahr Band II	17,50
	136 S., 39 Themen	
772	2. Schuljahr Band I	17,50
	142 S., 39 Themen	
773	2. Schuljahr Band II	17,50
	144 S., 36 Themen	

Mathematik

278	Mathematik kompakt 1 Bd. I	*146 S.*	✎	19,90
279	Mathematik kompakt 1 Bd. II	*122 S.*	✎	17,90
280	Mathematik kompakt 2 Bd. I	*138 S.*	✎	19,50
281	Mathematik kompakt 2 Bd. II	*158 S.*	✎	21,50

Stundenbilder

998	Mit viel Spaß zum Mathe-King 2		
	112 S.	✎	17,50

752	Mathematik 2 *144 S.*	✎	17,90

Rechnen mit Lust
Spiele und Übungen als Kopiervorlagen für Einführungsstunden, Übungsstunden, zur Freiarbeit mit Selbstkontrolle oder als Hausaufgabe geeignet

179	2. Schuljahr, *130 S.*	✎	18,90

Freiarbeit - Spielend lernen
Spiel- und Arbeitsmaterial, jeweils mit ausführlichem Anleitungsheft

045	1. Schuljahr, Band I, Zahlenraum 1-10	
	35 Kartonblätter + Lehrerheft	17,90
047	1. Schuljahr, Band II, Zahlenraum 10-20	
	35 Kartonblätter + Lehrerheft	17,90